21世纪高等教育会计通用教材

精编版

省级精品课程配套教材

基础会计学综合模拟实验

Jichu Kuaijixue Zonghe Moni Shiyan

李占国 编著

东北财经大学出版社
Dongbei University of Finance & Economics Press
大连

图书在版编目（CIP）数据

基础会计学综合模拟实验：精编版／李占国编著．—大连：东北财经大学出版社，2015.6
（21世纪高等教育会计通用教材）
ISBN 978－7－5654－1933－1

Ⅰ．基… Ⅱ．李… Ⅲ．会计学—高等学校—教材 Ⅳ．F230

中国版本图书馆CIP数据核字（2015）第094468号

东北财经大学出版社出版
（大连市黑石礁尖山街217号 邮政编码 116025）
教学支持：（0411）84710309
营 销 部：（0411）84710711
总 编 室：（0411）84710523
网 址：http：//www.dufep.cn
读者信箱：dufep@dufe.edu.cn

大连图腾彩色印刷有限公司印刷 东北财经大学出版社发行

幅面尺寸：205mm×285mm 字数：301千字 印张：10 插页：4
2015年6月第1版 2015年6月第1次印刷

责任编辑：包利华 责任校对：包利华
封面设计：冀贵收 版式设计：钟福建

定价：28.00元

前　　言

在我国产业转型升级和高等教育大众化甚至普及化的今天，**“为进入应用科学和现代技术领域的学习者提供学术和就业准备的教育”**（《不列颠百科全书》）的应用型人才的培养，已成为普通高等教育的主流。因此，为会计学、财务管理、审计等经济管理类专业编写一本适合其生源的基本素质、符合会计工作基本流程和岗位设置分工的实际情况，并高度仿真的《基础会计学综合模拟实验（精编版）》教材，使学生更好地掌握基础会计学的基本理论、基本方法和基本技能，提高学生对实际会计工作的感性认识和动手能力，达到**“有效教学”**之目的，是我多年的心愿和本实验教材编写的出发点和最终归宿。

本书是**上海市级精品课程“会计学原理与实务”**的配套实验教材，依据2014年财政部印发的修订后的《企业会计准则第9号——职工薪酬》、《企业会计准则第30号——财务报表列报》等以及财政部、国家税务总局印发的一系列**“营改增”政策**等相关会计准则和税收法规，以掌握会计核算基本流程和培养基本技能为重点，以一个小型制造业企业的生产和销售为模拟对象，搜集、整理模拟原型企业的经营活动，从中筛选出不同种类和较为典型的会计交易或事项，按照会计工作流程，进行系统的综合组织编写。通过本书的学习，学生可以快速、全面地将基础会计学的基本知识活学活用并融会贯通：❶增强感性认识，包括：**认识“账为何物”、明确“账从何来”、清楚“账有何用”；**❷从整体上把握各种核算方法之间的联系，达到进一步提高学生的会计综合职业能力之目的；❸培养学生对会计工作的“三心”（耐心、细心、责任心）并强化其会计的“专业意识”；❹为“财务会计学”等后续专业课程的顺利学习和将来从事会计工作奠定坚实的基础。

《基础会计学综合模拟实验》（李占国编著）自2014年9月由东北财经大学出版社出版以来，一直以印刷质量好、版面清晰、凭证规范、业务全面、实验材料齐全（免去外购之烦）、操作方便、答案准确而为广大师生使用并赞许，取得了显著的教学效果，具有广泛的影响力。

根据部分院校反映他们已统一购置有实验凭证、账簿等资料，为避免重复提供，本书将其附录部分的空白凭证、账簿等实验操作用材料删去，代之以“会计模拟实验应准备的物品清单”，同时增加了：❶“会计记账数字的书写要求”；❷“传票销号单及其使用方法”；❸“教学方案与课时安排建议”。为更具实践性和仿真性，又增加了仿真度极高的：❶企业法人营业执照；❷税务登记证（副本）；❸组织机构代码证；❹装订好的账本及会计凭证（本）的扫描图片；❺预留银行印鉴卡等内容。在此基础上编写了这本**《基础会计学综合模拟实验（精编版）》**。各院校可根据本校的实际情况选用。

本书在编写过程中，融合了作者多年从事会计模拟实验教学的体会和编写实验教材的丰富经验，在以下几个方面进行了有益的尝试：

(1) 内容时效性。按照最新会计准则和税收法规组织教材编写内容，尤其是**“营改增”**税收法规制度的改革在本实验教材的内容中都有所体现，有利于学生及时掌握最新的会计工作要求，为毕业后实际工作的开展打下良好基础。

(2) 项目完整性。实验项目涵盖了建账、日常会计事项处理、费用归集分配、成本计算、期末会计事项处理、会计报表编制和会计档案管理，有助于学生全面了解会计工作的流程，有效掌握会计核算的具体方法。

(3) 格式仿真性。❶本教材的原始凭证都直接来源于实际工作单位并套红印刷；❷所给出的企业法人营业执照和税务登记证（副本）、扉页、组织机构代码证、预留银行印鉴卡等与实际工作中完全相同，有效减少二次学习。

(4) 操作方便性。本书采用原始凭证单面印刷和沿书脊钢模压线（孔），便于实验操作时整齐撕裁和装订。同时，提供了凭证、账簿及其封面参考格式，以及实验所需准备物品清单、传票销号单等。

(5) 篇幅节约性。为在有限的篇幅内增大信息量，将会计交易或事项的“文字说明及账务处理提示”印刷在对应原始凭证的背面，既便于学生对原始凭证的理解与核对，又节约了篇幅。

(6) 资源丰富性。为方便教师授课，扩大学生的学习空间和延展学生的学习时间，本书还配有课程网站（网址：http://ppa.sdjues.com），同时，提供了两种形式的参考答案：❶按照实际工作中使用的凭证、账表格式所做的并以电子文档形式提供的完整答案；❷按照实际工作中使用的凭证、账表格式所做的手工书写的并以电子文档（扫描）提供的完整答案。任课教师也可登录东北财经大学出版社网站（www.dufep.cn）免费下载。

本书在编写过程中，王淑庆、苟聪聪和注册会计师张丞斌提供了大量的原始材料并参与了部分初稿的编写工作，靳磊副教授和陈瑛副教授提出了很多修改建议和意见，王子军、梁萌、周萍进行了资料和参考答案的初步整理工作，在此一并表示衷心的感谢！教材编写是一项非常具体和细致的工作，尤其是会计模拟实验教材涉及大量的、前后连贯并具有勾稽关系的数据，其中的艰辛和工作量之大是可想而知的。尽管我付出了极大努力，但书中难免仍有不妥之处，恳请读者批评指正。

李占国

2015年6月

目　　录

第一章　绪　论

一、基础会计学综合模拟实验的意义

基础会计学综合模拟实验，是高等院校会计专业学生职业能力培养的一门技能训练课程，既是基础会计理论教学的必要补充，又是后续专业课程理论教学及模拟实验的基础。学生在学完基础会计学课程后，应进行一次较为完整、系统的会计核算的实际操作。

作为会计职业能力培养的一门专项技能实操课程，本书整合了制造业企业典型的会计交易或事项，按照会计核算程序，从建账开始，经过填制和审核原始凭证及记账凭证、登记明细账和总账，最后编制会计报表，完成一个会计循环。通过模拟实验：❶完整地掌握《基础会计学》教材各章节之间的联系，加深对会计循环的理解；❷掌握会计操作的基本技能，锻炼学生的实际工作能力；❸培养学生良好的工作作风和职业素养。

二、基础会计学综合模拟实验的内容

以反映企业会计工作的全过程为框架，按照会计核算的流程和环节，设计若干个对会计交易或事项进行账务处理的实操项目，包括：

（1）熟悉会计工作环境。其包括：了解企业基本情况、企业内部会计制度、会计工作组织方式。

（2）掌握会计工作岗位流程。将会计岗位分为出纳、制单会计、记账会计、会计主管及审核等岗位，明确责任、分工协作，以仿真的会计交易或事项为原始载体，按照会计工作流程，完成从初始建账、填制和审核原始凭证、编制记账凭证、登记账簿、成本计算、财产清查，直至编制会计报表的全部会计工作。

（3）训练会计操作技能。❶以手工会计操作为手段，通过处理货币资金、采购与付款、销售与收款、存货、工资、固定资产、筹资与投资等会计交易或事项，训练常规会计交易或事项的处理能力；❷通过编制会计报表，训练会计报表的编制能力；❸通过会计凭证的整理与装订，训练会计档案的归档与保管能力。

三、模拟实验企业概况

（1）企业法人营业执照及税务登记证：了解企业名称、法定代表人、地址、注册资本、企业类型、经营范围、经营期限、增值税纳税类型、纳税人识别号等内容。见本书后的附录。

（2）各股东出资比例及主要产品：❶人民币肆仟伍佰万元整，其中：港城投资公司、海虹机械公司、虹桥房产集团，分别占40%、40%和20%；❷主要生产AH－15型车床（简称A产品）、BH－16型车床（简称B产品）。

（3）组织机构代码及其证书：组织机构的“身份证”，在全国范围内唯一的、始终不变的法定代码标识，如图1－1所示。

（4）预留银行印鉴卡片：开户银行对企业签发票据所盖印鉴进行比对的依据，包括有关负责人名章和财务专用章等，如图1－2所示。

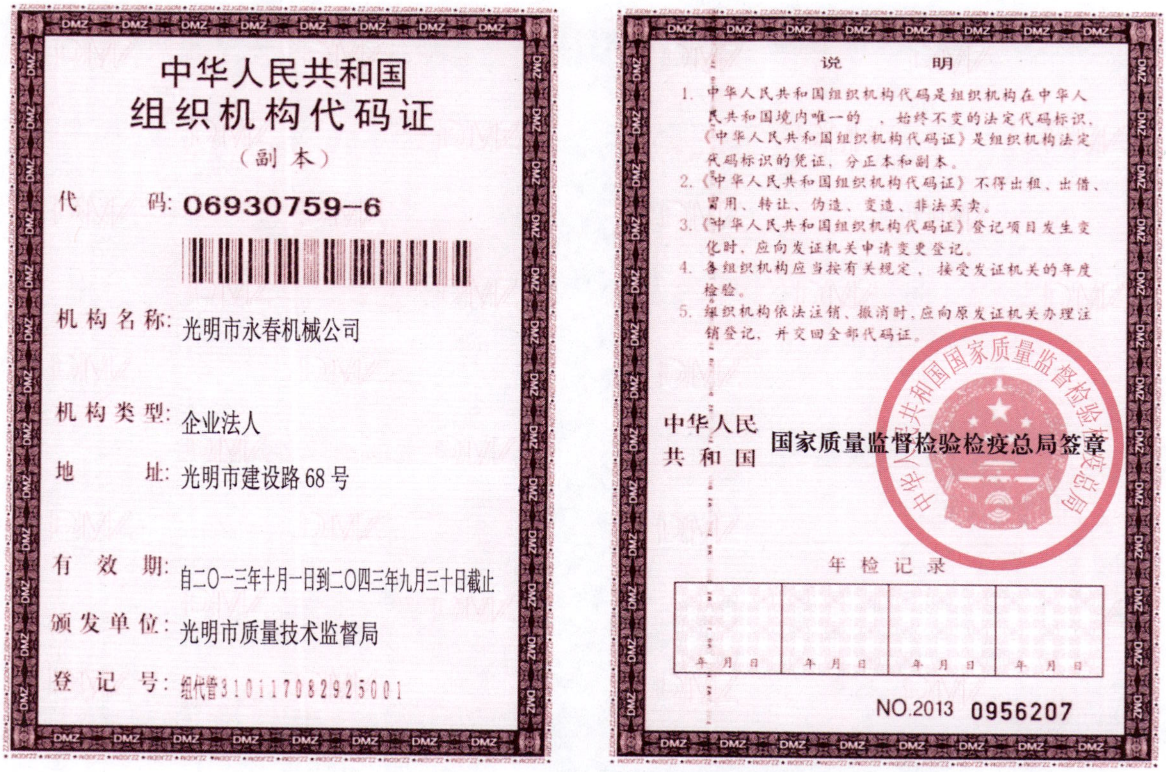
中华人民共和国
组织机构代码证
（副本）
代 码：06930759-6
机构名称：光明市永春机械公司
机构类型：企业法人
地 址：光明市建设路68号
有 效 期：自二〇一三年十月一日到二〇四三年九月三十日截止
颁发单位：光明市质量技术监督局
登 记 号：组代管310117082925001
说 明
1. 中华人民共和国组织机构代码是组织机构在中华人民共和国境内唯一的，始终不变的法定代码标识。《中华人民共和国组织机构代码证》是组织机构法定代码标识的凭证，分正本和副本。
2. 《中华人民共和国组织机构代码证》不得出租、出借、冒用、转让、伪造、变造、非法买卖。
3. 《中华人民共和国组织机构代码证》登记项目发生变化时，应向发证机关申请变更登记。
4. 各组织机构应当按有关规定，接受发证机关的年度检验。
5. 组织机构依法注销、撤消时，应向原发证机关办理注销登记，并交回全部代码证。
中华人民共和国国家质量监督检验检疫总局
中华人民共和国 国家质量监督检验检疫总局签章
年检记录
年 月 日
年 月 日
年 月 日
年 月 日
NO.2013 0956207
图 1-1　中华人民共和国组织机构代码证

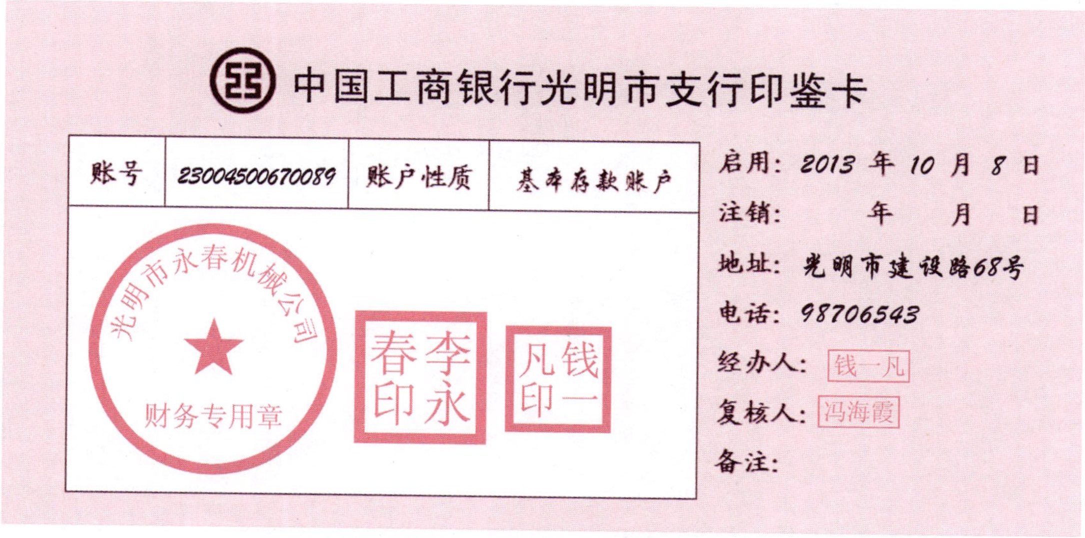
中国工商银行光明市支行印鉴卡
账号
23004500670089
账户性质
基本存款账户
光明市永春机械公司
财务专用章
李春印永
钱凡印一
启用：2013 年 10 月 8 日
注销： 年 月 日
地址：光明市建设路68号
电话：98706543
经办人：钱一凡
复核人：冯海霞
备注：
图 1-2　预留银行印鉴卡片

四、模拟实验企业会计核算制度

（一）会计核算形式及凭证账簿组织

（1）**会计核算形式。**模拟原型企业采用科目汇总表账务处理程序，每旬编制科目汇总表并根据科目汇总表登记一次总账，明细账根据原始凭证和记账凭证逐笔登记。

（2）**记账凭证种类。**模拟原型企业使用复式记账凭证，分收款凭证、付款凭证和转账凭证三种类型。记账凭证按月、按类别连续编号。

（3）**开设账簿及格式。**模拟原型企业开设库存现金日记账、银行存款日记账、总账、明细账。总账和日记账均采用三栏式，明细账根据需要分别选用甲式、乙式和多栏式。

（二）存货核算制度与方法

（1）**原材料、库存商品明细核算。**❶原材料、库存商品明细核算采用账卡合一方式，即在仓库设置一套材料明细账和库存商品明细账；❷平时由仓库保管员根据收料单（简称“收”字）、领料单（简称“领”字）、产品入库单（简称“入”字）、产品出库单（简称“出”字）的仓库联登记收发数量；❸记账会计每月月末核对收发数量并进行计价。

（2）**原材料、库存商品收发的计价。**原材料、库存商品的收发均按实际成本计价。❶发出单价按全月一次加权平均法计算；❷月末一次加权平均单价尾差计入结存金额。

（3）**“原材料”明细账的登记方法。**❶“原材料”明细账的“收入”栏根据“收料单”（仓库联）登记数量、单价和金额（本实验教材为节省篇幅只给出财务联，故财务联替代仓库联，一联两用）；❷“原材料”明细账的“发出”栏，平时根据“领料单”登记其数量，并将“领料单”妥善保管；❸月末由材料会计根据各材料明细账月初结存数量和金额、本月收入数量和金额，按全月一次加权平均法计算发出材料的单价，该单价乘以本月领用数量的合计，得出并登记发出材料的金额；❹月末根据“领料单”分品种、用途或部门汇总其领用数量，再乘以加权平均单价，编制“发料凭证汇总表”。

（4）**“库存商品”明细账的登记方法。**❶“库存商品”明细账的“收入”栏，平时根据“产品入库单”（财务联替代仓库存查联）登记其收入数量，并将其妥善保管；❷月末根据“库存商品”明细账中结出的入库数量及“生产成本明细账”中的总成本和单位成本，编制“完工产品成本计算汇总表”（产品入库单作为该汇总表的附件）；❸根据该汇总表登记“生产成本”明细账月末的本月合计行、“收入”栏（或借方栏）的单价和金额；❹“库存商品”明细账的“发出”栏，平时根据“产品出库单”登记其发出数量；❺月末根据各库存商品明细账月初结存数量和金额、本月收入数量和金额，按“月末一次加权平均法”计算发出产品的单价，根据该单价及其乘以发出数量合计，登记“库存商品”明细账的“发出”栏的单价和金额；❻根据“库存商品”明细账的“发出”栏，编制“产品销售成本汇总计算表”。

（三）固定资产的核算

（1）**固定资产的分类。**固定资产分为“生产用固定资产”和“管理用固定资产”两大类，并按其设置二级明细账。

（2）**固定资产折旧方法与折旧率。**固定资产采用平均年限法分类计提折旧。其中，车间生产设备的月折旧率为0.8%，车间房屋的月折旧率为0.4%，管理用设备的月折旧率为0.6%，管理用房屋的月折旧率为0.2%。

（3）**固定资产修理费用。**按现行会计准则规定，应予以费用化的固定资产的修理费用一律计入管理费用。

（四）费用与成本

（1）**职工福利费用。**❶按工资总额的14%计提并按其用途计入有关成本费用账户（也可以不计提，但其使用应控制在工资总额的14%以内）；❷年末如未用完应冲销管理费用。

（2）**费用分类与成本计算方法。**❶费用按照经济用途进行分类，其中：直接材料、直接人工和制造费用计入产品成本，其余计入期间费用；❷采用“品种法”（简单法）计算产品成本；❸月末在产品成本计算采用定额法，为简化核算，直接给出月末在产品成本；❹制造费用按生产工人工资比例进行分配。

（五）税金及附加

（1）**增值税。**公司销售各种产品应缴纳增值税，增值税税率为17%，增值税按期预缴（每月15日预缴一次），次月10日以前缴清。

（2）**城市维护建设税及教育费附加。**分别按照流转税（本书为应纳增值税）之和的7%和3%计算并按月缴纳，次月10日以前缴清。

（3）**企业所得税。**企业所得税的计税依据为应纳税所得额，本书假定会计所得额（利润总额）等于应纳税所得额（不需进行任何调整），所得税税率为25%，企业所得税**“按年计算、按月预计并按月预交、年终汇算清缴”**。

（六）坏账准备的计提

年末对应收账款的坏账损失进行估计，并采用**“应收账款余额百分比法”**调整坏账准备余额。计提的比例为应收账款余额的4%。

（七）损益类账户采用“账结法”

每月月末将各损益类账户（包括“所得税费用”账户）转入“本年利润”账户。“本年利润”账户各月末余额，即为截至各月末实现的净利润总额（已扣除预计所得税费用）。

（八）利润分配

（1）**法定盈余公积。**按照当期税后利润的10%计提法定盈余公积。

（2）**向投资者分红。**根据董事会决定的分配额和投资比例进行利润分配。

五、会计模拟实验岗位设置及其职责

为使每一位学生都能够将实验内容亲自操作一遍，根据会计岗位的内部牵制原则，结合实验操作工作量的大小及均衡的要求，对小组成员进行合理分工。基于1个月分3旬进行轮换实验操作的考虑，模拟原型企业财务科设置3个岗位（人）：❶会计主管（兼审核与制单）；❷记账会计（登记总账和部分明细账）；❸出纳（兼记除债权、债务结算类账户外的部分明细账）。

（一）会计主管（兼审核与制单）的岗位职责

❶审核原始凭证并根据原始凭证编制记账凭证，同时在记账凭证的“制单”处签名或盖章；❷根据业务顺序将原始凭证撕成条状并粘贴在记账凭证的后面（注意粘贴时原始凭证应与记账凭证左对齐、上对齐）；❸当每一旬的会计交易或事项填制完记账凭证后，应对本旬会计交易或事项所填制的记账凭证进行汇总并编制“科目汇总表”。

（二）记账会计（登记总账和部分明细账）的岗位职责

❶根据记账凭证登记有关明细账；❷根据原材料“领料单”登记“原材料明细账”的发出数量栏并结出结存数量；❸完成登账工作后，在记账凭证的“√”栏内注明过账符号，并在记账凭证的“记账”处签章；❹根据“科目汇总表”登记总账，并在总账栏打勾。

（三）出纳（兼记部分明细账）的岗位职责

❶根据记账凭证（收款凭证、付款凭证）登记库存现金日记账和银行存款日记账；❷根据原始凭证中的“产品入库单”和“产品出库单”登记“库存商品明细账”的收入数量栏和发出数量栏并结出结存数量栏；❸完成登账工作后，在记账凭证的“√”栏内注明过账符号，并在记账凭证的“出纳”处签名或盖章。需要特别注意的是：出纳人员不得兼任稽核、会计档案保管和收入、支出、费用、债权债务账目的登记工作。

六、会计模拟实验组织方法

（一）3个岗位（人）一组，分角色定期轮换，完成实验操作

1. 平时会计交易或事项的处理

❶对于“平时会计交易或事项的处理”应完成的3个实操，可按前述“会计模拟实验岗位设置及其职责”规定的3个岗位（人）和职责进行实验操作。❷该环节的3个实操，应按实操进行角色轮换。这样每个人都进行了全面实验，在分工协作、互相牵制的基础上共同完成实验操作。

2. 费用的归集分配与成本计算

对于“费用的归集分配与成本计算”应完成的6个实操，以上3个岗位（人）应对每个实操：就如何填制自制原始凭证、编制记账凭证、登记明细账进行共同讨论，在共同讨论的基础上适当分工完成操作：❶一人根据有关账簿记录进行汇总、计算后填制自制原始凭证；❷一人在对原始凭证审核的基础上编制记账凭证；❸一人在对记账凭证审核的基础上据以登记有关明细账。

以上内容要求按照实操一和二、实操三和四、实操五和六，在3个岗位（人）之间进行轮换实验操作。

3. 期末会计事项的调整与结转

（1）对于“期末会计事项的调整与结转”应完成的9个实操，以上3个岗位（人）应对每个实操：就如何填制自制原始凭证、编制记账凭证、登记明细账进行共同讨论，在共同讨论的基础上适当分工完成实验操作：❶一人根据有关账簿记录进行汇总、计算后填制自制原始凭证；❷一人在对原始凭证审核的基础上编制记账凭证；❸一人在对记账凭证审核的基础上据以登记有关明细账。

（2）以上内容要求按照实操一至三、实操四至六、实操七至九，在3个岗位（人）之间进行轮换实验操作；**同时**，在完成第三、四章记账凭证编制和有关明细账登记的实操后，由一人根据其所填制的记账凭证，编制第4张“科目汇总表”并据以登记有关总账。

4. 会计报表的编制

对于“会计报表的编制”应完成的3个实操，以上3个岗位（人）独立或分工完成操作：❶实操一由3人分工协作共同完成，即一人对总账和日记账进行结账、一人对甲式账进行结账、一人对乙式账和多栏式明细账进行结账，在对总账进行结账的基础上，由3人共同编制一张“总分类账户发生额及余额试算平衡表”；❷实操二和实操三，3个岗位（人）都要编制一张“资产负债表”和“利润表”。

5. 会计档案的整理与保管

对于“会计档案的整理与保管”应完成的2个实操，以上3个岗位（人）每人应至少装订一本记账凭证和一本明细账。

（二）同时充当并体会不同的角色，单人独立完成会计实验操作

1. 平时会计交易或事项的处理

对于“平时会计交易或事项的处理”应完成的3个实操，建议按以下顺序并分别对3个实操进行：❶根据原始凭证编制本实操所有的记账凭

证；❷根据本实操所编制的记账凭证和“领料单”、“产品入库单”、“产品出库单”，按照日期顺序登记有关明细账和库存现金日记账、银行存款日记账；❸根据记账凭证编制本实操的“科目汇总表”（共3张）并据以登记有关总账。

2. 费用的归集分配与成本计算、期末会计事项的调整与结转

对于第三章、第四章应完成的15个实操，建议按照以下顺序分别完成各个实验操作：❶根据有关账簿记录进行汇总、计算后填制原始凭证；❷根据原始凭证编制记账凭证；❸根据各实操所编制的记账凭证，登记有关明细账；❹在完成第三章、第四章共15个实操记账凭证编制和有关明细账登记的工作后，根据第三章、第四章所编制的记账凭证，编制**第4张**“科目汇总表”并据以登记有关总账。

3. 会计报表的编制、会计档案的整理与保管

对于“会计报表的编制”和“会计档案的整理与保管”应完成的实验操作，参照“会计模拟实验组织方法（一）”中的组织方法和分工进行。

七、基础会计学综合模拟实验的要求与考评

（一）实验要求

（1）掌握国家有关财经法律法规和企业会计制度，掌握各项费用的开支范围、标准及规定，加强学生政策法制观念。

（2）运用规范仿真的原始凭证、真实的记账凭证、会计账簿和会计报表，严格按照现行企业会计谁则的要求进行操作。

（3）实验过程中遇到课堂理论教学中没有学到的新知识，要求学生自己查阅资料，培养独立分析问题和解决问题的能力。

（4）实验结束后，将原始凭证、记账凭证、会计账簿、会计报表进行装订，作为考核的依据。

（5）实验结束后，每一名学生提交一份实验报告，主要包括以下几个方面：❶实验内容；❷实验过程；❸实验结果；❹实验中存在的问题及解决的方法；❺实验体会及合理化建议。

（二）实验考评

实验考评包括实验过程和实验结果考评，分别占总成绩的40%与60%。实验过程考评以实验小组的考评为主，实验结果考评以学生提交的实验成果为依据，其评分标准分别为：原始凭证的填制和审核占30%、记账凭证的填制与审核占30%、账簿登记和会计报表编制占20%、会计档案装订占10%、实验报告撰写占10%。

八、教学方案与课时安排建议

（1）作为一门独立的实践性课程，进行集中实验。建议❶：安排在基础会计学课程理论教学完成后本学期的1－2周完成。建议❷：安排在基础会计学课程理论教学完成后下一学期的1－2周完成。

（2）作为基础会计学课程的组成部分，分散在课内完成。❶如果基础会计学课程安排64学时（周4学时），建议40学时完成理论教学，24学时完成实验教学（4学时连续进行）；❷如果基础会计学课程安排96学时（周6学时），建议60学时完成理论教学，36学时完成实验教学（6学时连续进行）。

第二章　会计模拟实验初始建账、建账准备及凭证装订

一、建账流程

在有关总分类账、明细分类账及日记账中，按照以下流程进行建账：

第一步：预备账页，装置成册。包括：❶准备各种账簿（订本式）；❷预备有关账页（活页式、卡片式）；❸使用账夹装置成册。

第二步：填写“账簿启用表”。包括：❶在“账簿启用表”上填写单位名称、账簿名称、册数、编号、起止页数、启用日期、记账人员和会计主管人员姓名等；❷会计人员变动时，应注明交接日期、交接人员及监交人员姓名，并由交接双方签名或盖章，以明确责任。

第三步：建立账户。包括：❶建立总账账户；❷建立二、三级明细账户；❸结转上期账户余额。

第四步：顺序编号。包括：❶将账簿按顺序编号；❷编制账户目录（科目索引）；❸贴上账户索引纸（俗称“口取纸”）。

二、建账方法

1. 库存现金日记账、银行存款日记账的建账方法

根据表 2—1 所给的期初余额，登记“库存现金日记账”和“银行存款日记账”的期初余额。日记账的建账方法如图 2—1 所示。

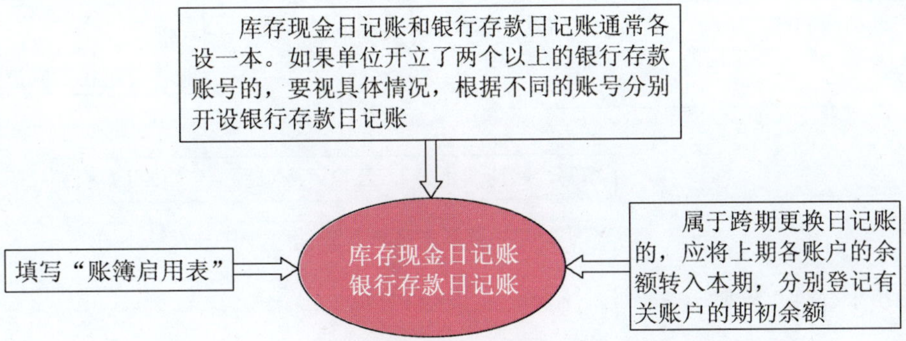

图 2—1　库存现金日记账、银行存款日记账的建账方法

2. 明细账的建账方法

❶根据表 2—1 所给的各明细账期初余额，按照明细账的目录顺序依次登记甲式账、多栏式明细账和乙式账的期初余额；❷特别注意顺序，因为所给明细账的种类、格式、专栏多少、需要登记的内容（行数）多少不同。明细账的建账方法如图 2—2 所示。

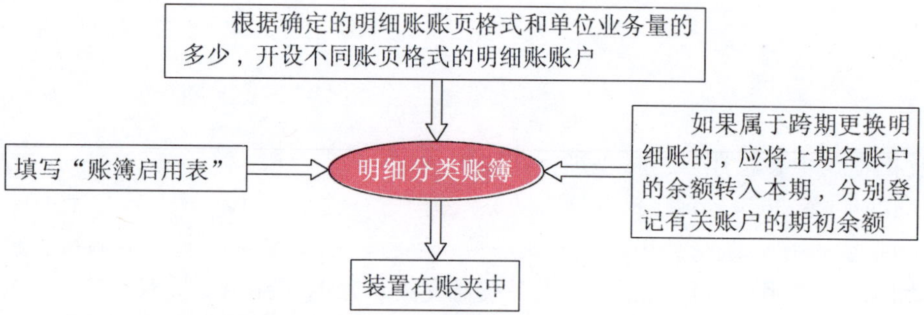

图 2—2　明细账的建账方法

3. 总账的建账方法

根据表 2—1 所给的各总账期初余额，按照总账的目录顺序依次登记各有关总账的期初余额。总账的建账方法如图 2—3 所示。

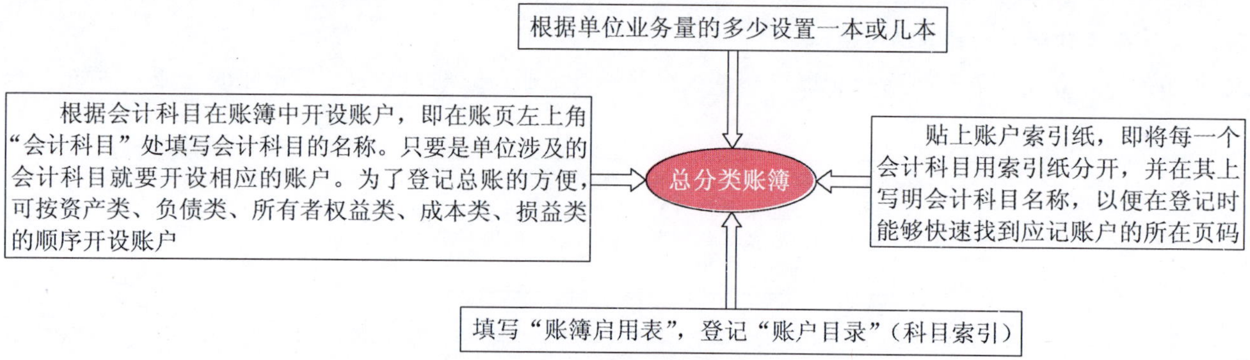

图 2—3　总账的建账方法

三、建账数据与所需账簿（页）格式及数量

光明市永春机械公司 2×15 年 12 月的总账、明细账的月初余额及所需账簿（页）格式、数量见表 2—1 至表 2—4。

表 2－1

光明市永春机械公司有关总账及明细账月初余额表

序号	会计科目		12月月初余额（元）		所需账簿（页）	
	总账科目	明细科目	借方	贷方	格式	数量
1	库存现金		57 400		三栏式	1
		库存现金日记账	57 400		专用格式	2
2	银行存款		8 263 800		三栏式	1
		银行存款日记账	8 263 800		专用格式	4
3	应收票据		2 640 000		三栏式	1
		天宏公司	1 470 000		甲式账	1
		明远公司	1 170 000		甲式账	1
4	应收账款		4 302 500		三栏式	1
		金花公司	3 999 000		甲式账	1
		宏图公司	248 500		甲式账	1
		光华公司	55 000		甲式账	1
5	预付账款		1 200 000		三栏式	1
		远程公司	700 000		甲式账	1
		星海公司	500 000		甲式账	1
6	其他应收款		7 100		三栏式	1
		鲍巩英	2 600		甲式账	1
		单冠礼	4 500		甲式账	1
7	坏账准备		52 000		三栏式	1
		应收账款	52 000		甲式账	1
8	在途物资		88 000		三栏式	1
		风华公司	88 000		甲式账	1
		望海公司			甲式账	1
9	原材料		805 000		三栏式	1
		按原材料名称设置明细账，具体资料见表 1－2			乙式账	3
10	库存商品		1 442 000		三栏式	1
		按库存商品名称设置明细账，具体资料见表 1－3			乙式账	2
11	固定资产		53 000 000		三栏式	1
		生产用固定资产	30 000 000		甲式账	1
		管理用固定资产	23 000 000		甲式账	1
12	累计折旧			8 671 400	三栏式	1
13	在建工程		300 000		三栏式	1
		配电室工程	200 000		甲式账	1
		BN69 型设备工程	100 000		甲式账	1
14	固定资产清理				三栏式	1
		HW52 型机床清理			甲式账	1
		XM58 型车床清理			甲式账	1
15	无形资产		900 000		三栏式	1
		专利技术	480 000		甲式账	1

续表

序号	会计科目		12月月初余额（元）		所需账簿（页）	
	总账科目	明细科目	借方	贷方	格式	数量
		商标权	420 000		甲式账	1
		管理软件			甲式账	1
16	累计摊销			331 000	三栏式	1
17	生产成本		154 000		三栏式	1
		按照“A产品”和“B产品”分别设置生产成本明细账，账内再按照成本项目设置专栏。具体资料见表1－4			专用多栏式	2
18	制造费用				三栏式	1
		设置制造费用明细账，账内按照费用项目“办公费”、“水电费”、“材料费”、“工薪费用”、“折旧费”设置5个专栏			通用多栏式	1
19	短期借款			3 500 000	三栏式	1
		工行光支		3 500 000	甲式账	1
20	应付票据			640 000	三栏式	1
		秋林公司		215 000	甲式账	1
		春盛公司		425 000	甲式账	1
21	应付账款			410 000	三栏式	1
		鸿运公司		190 000	甲式账	1
		清流公司		210 000	甲式账	1
		强冠公司		10 000	甲式账	1
22	预收账款			2 201 200	三栏式	1
		通宝公司		1 501 200	甲式账	1
		新强公司		700 000	甲式账	1
23	应交税费			760 000	三栏式	1
		应交增值税——账内再按规定的项目设置专栏，借方设置“进项税额”、“已交税金”、“转出未交增值税”专栏，贷方设置“销项税额”、“转出多交增值税”专栏			专用多栏式	2
		未交增值税		300 000	甲式账	1
		应交城建税		42 000	甲式账	1
		应交教育费附加		18 000	甲式账	1
		应交所得税		400 000	甲式账	1
24	应付职工薪酬			1 002 000	三栏式	1
		工资		980 000	甲式账	1
		福利费		22 000	甲式账	1
25	应付利息			45 200	三栏式	1
		工行光支		45 200	甲式账	1
26	应付利润				三栏式	1
		港城投资公司			甲式账	1
		海虹机械公司			甲式账	1
		虹桥房产集团			甲式账	1
27	其他应付款		3 200		三栏式	1
		自来水公司		400	甲式账	1
		供电公司	3 600		甲式账	1
28	实收资本			45 000 000	三栏式	1
		港城投资公司		18 000 000	甲式账	1

续表

序号	会计科目		12月月初余额（元）		所需账簿（页）	
	总账科目	明细科目	借方	贷方	格式	数量
		海虹机械公司		18 000 000	甲式账	1
		虹桥房产集团		9 000 000	甲式账	1
29	资本公积			511 600	三栏式	1
		资本溢价		511 600	三栏式	1
30	盈余公积			2 202 600	三栏式	1
		法定盈余公积		2 202 600	甲式账	1
31	利润分配			590 000	三栏式	1
		提取法定盈余公积			甲式账	1
		应付利润			甲式账	1
		未分配利润		590 000	甲式账	1
32	本年利润			7 350 000	三栏式	1
		设置“本年利润”明细账，账内分借方（费用、转出净利润）和贷方（收入、转出亏损）设置4个专栏			专用多栏式	1
33	主营业务收入				三栏式	1
		设置“主营业务收入”明细账，账内按照“A产品”和“B产品”设置2个专栏			通用多栏式	1
34	营业外收入				三栏式	1
		设置“营业外收入”明细账，账内按收入项目“债务收入”、“处置固定资产利得”设置2个专栏			通用多栏式	1
35	营业外支出				三栏式	1
		设置“营业外支出”明细账，账内按支出项目“捐赠支出”、“处置固定资产损失”、“罚没支出”设置3个专栏			通用多栏式	1
36	主营业务成本				三栏式	1
		设置“主营业务成本”明细账，账内按照“A产品”和“B产品”设置2个专栏			通用多栏式	1
37	营业税金及附加				三栏式	1
		设置“营业税金及附加”明细账，账内按照“营业税金”和“教育费附加”设置2个专栏			通用多栏式	1
38	销售费用				三栏式	1
		设置“销售费用”明细账，账内按费用项目“广告费”、“展销费”、“运输费”、“材料费”、“工薪费用”、“折旧费”设置6个专栏			通用多栏式	1
39	管理费用				三栏式	1
		设置“管理费用”明细账，账内按费用项目“修理费”、“差旅费”、“办公费”、“水电费”、“业务招待费”、“税金”、“无形资产摊销”、“工薪费用”、“折旧费”设置9个专栏			通用多栏式	1
40	财务费用				三栏式	1
		设置“财务费用”明细账，账内按费用项目“工本费”、“手续费”、“利息费”设置3个专栏			通用多栏式	1
41	资产减值损失				三栏式	1
		设置“资产减值损失”明细账，账内按损失项目“计提坏账准备”、“计提存货跌价准备”、“计提固定资产减值准备”设置3个专栏			通用多栏式	1
42	所得税费用				三栏式	1
	合计		73 215 000	73 215 000		

表 2—2

原材料明细账资料

金额单位：元

材料名称	12月月初余额				所需账簿（页）	
	计量单位	数量	单位成本	金额	格式	数量
甲材料	千克	3 000	91.67	275 000	乙式账	2
乙材料	千克	4 000	69.50	278 000	乙式账	2
丙材料	千克	3 000	84.00	252 000	乙式账	2
合计				805 000		

表 2—3

库存商品明细账资料

金额单位：元

产品名称	12月月初余额				所需账簿（页）	
	计量单位	数量	单位成本	金额	格式	数量
A产品	台	400	2 760	1 104 000	乙式账	2
B产品	台	200	1 690	338 000	乙式账	2
合计				1 442 000		

表 2—4

生产成本明细账资料

金额单位：元

成本计算对象	计量单位	数量	成本项目				所需账簿（页）	
			直接材料	直接人工	制造费用	期初余额合计	格式	数量
A产品	台		58 000	21 000	12 000	91 000	乙式账	2
B产品	台		36 000	17 000	10 000	63 000	乙式账	2
合计			94 000	38 000	22 000	154 000		

四、凭证、账簿参考格式及其封面

本会计模拟实验操作使用的有关凭证、账簿及其封面的参考格式：记账凭证及其封面，如图2—4及表2—5至表2—7所示；明细账账页格式及其封面，如图2—5及表2—8至表2—12所示；总账账页格式及其封面，如图2—7及表2—13所示；库存现金日记账账页格式及其封面，如图2—7及表2—14所示；银行存款日记账账页格式及其封面，如图2—8及表2—15所示。

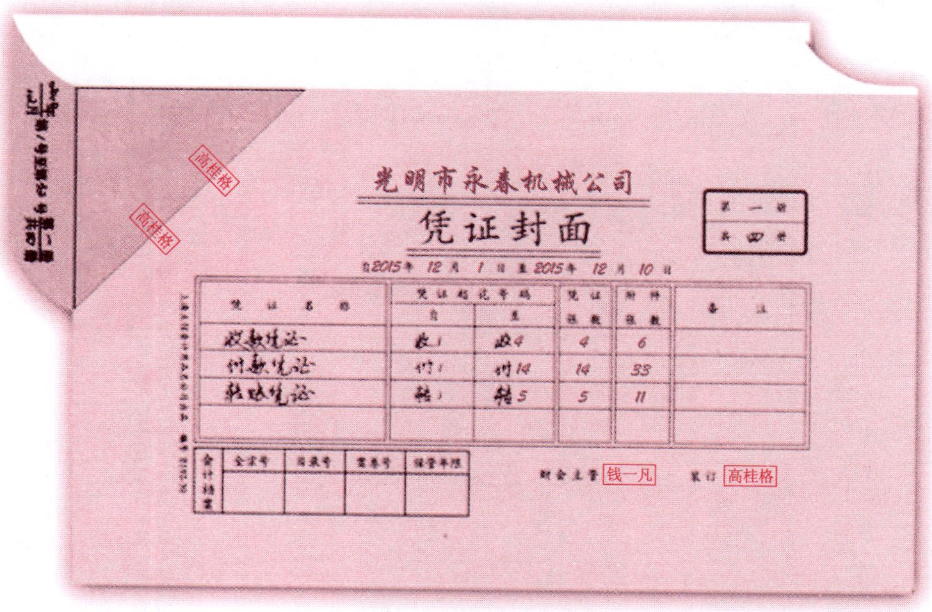

图 2—4　记账凭证封面

表2—5

总号	
分号	

收款凭证

借方科目________　　年　月　日　　附件　张

摘要	应贷科目		过账	金额										
	一级科目	二级明细科目		亿	千	百	十	万	千	百	十	元	角	分
合计														

财会主管　　记账　　出纳　　复核　　制单

注：会计实际工作中，转账凭证的颜色一般为红色

表2—6

总号	
分号	

付款凭证

贷方科目________　　年　月　日　　附件　张

摘要	应贷科目		过账	金额										
	一级科目	二级明细科目		亿	千	百	十	万	千	百	十	元	角	分
合计														

财会主管　　记账　　出纳　　复核　　制单　　领款人签章

注：会计实际工作中，转账凭证的颜色一般为蓝色

表 2—7

总 号	
分 号	

转 账 凭 证

年 月 日 附件 张

摘要	一级科目	二级明细科目	过账	借方金额										贷方金额									
				千	百	十	万	千	百	十	元	角	分	千	百	十	万	千	百	十	元	角	分
合计																							

财会主管 复核 记账 制单

注：会计实际工作中，转账凭证的颜色一般为绿色

图 2—5 明细分类账封面

表 2—8

原材料明细账

总页…… 分页……

存储地点…… 最高存量…… 最低存量…… 计量单位…… 货名……

年		凭证		摘要	收入（借方）												发出（贷方）												结存											
月	日	种类	号数		数量	单价	金额										数量	单价	金额										数量	单价	金额									
							千	百	十	万	千	百	十	元	角	分			千	百	十	万	千	百	十	元	角	分			千	百	十	万	千	百	十	元	角	分

表 2—9

……级科目编号及名称……

……级科目编号及名称……

制造费用明细账

年		凭证号数	摘要	借方									贷方									借或贷	余额									（借）方金额分析								
月	日			百	十	万	千	百	十	元	角	分	百	十	万	千	百	十	元	角	分		百	十	万	千	百	十	元	角	分	工薪费用	修理费用	折旧费用	物料消耗	水电费用	劳保费用	办公费用	其他费用	

表 2—10

科目名称…… 页次 总页……

生产成本明细账

投产日期…… 计划日期……

生产批号…… 完工日期…… 实际工时……

生产车间…… 产品名称…… 数量…… 产品规格…… 完成产量……

年		凭证号数	摘要	借方发生额										成本项目																																																	
														直接材料										直接人工										制造费用																													
月	日			千	百	十	万	千	百	十	元	角	分	千	百	十	万	千	百	十	元	角	分	千	百	十	万	千	百	十	元	角	分	千	百	十	万	千	百	十	元	角	分	千	百	十	万	千	百	十	元	角	分	千	百	十	万	千	百	十	元	角	分

表 2—11

总第 ______ 页　分第 ______ 页

一级科目编号及名称 应交税费

二级科目编号及名称 应交增值税

应交税费——应交增值税明细账

年		凭证		摘要	借方																																																	
					进项税额										已交税金																				转出未交增值税										合计									
月	日	种类	号数		千	百	十	万	千	百	十	元	角	分	千	百	十	万	千	百	十	元	角	分	千	百	十	万	千	百	十	元	角	分	千	百	十	万	千	百	十	元	角	分	千	百	十	万	千	百	十	元	角	分

总第 ______ 页　分第 ______ 页

一级科目编号及名称 应交税费

二级科目编号及名称 应交增值税

贷方																																																			借或贷	余额										
销项税额										出口退税										进项税额转出										转出多交增值税										合计																						
千	百	十	万	千	百	十	元	角	分	千	百	十	万	千	百	十	元	角	分	千	百	十	万	千	百	十	元	角	分	千	百	十	万	千	百	十	元	角	分	亿	千	百	十	万	千	百	十	元	角	分		亿	千	百	十	万	千	百	十	元	角	分

表 2—12

主营业务收入　明细账

总第 ______ 页　分第 ______ 页

一级科目编号及名称 ______

二级科目编号及名称 ______

年		凭证号数	摘要	借方									贷方									借或贷	余额									（贷）方金额分析								
月	日			百	十	万	千	百	十	元	角	分	百	十	万	千	百	十	元	角	分		百	十	万	千	百	十	元	角	分	A产品	B产品							

图 2—6　总分类账封面

表 2—13

年		凭证	摘要	日	借方										贷方										借	余额									
月	日	号数		页	亿	千	百	十	万	千	百	十	元	角	分	亿	千	百	十	万	千	百	十	元	角	分	/贷	亿	千	百	十	万	千	百	十	元	角	分

图 2—7　库存现金日记账封面

表 2—14

库存现金日记账

年		凭证号数	对方科目	摘要	√	收入（借方）金额										付出（贷方）金额										结余金额									
月	日					亿	千	百	十	万	千	百	十	元	角	分	亿	千	百	十	万	千	百	十	元	角	分	亿	千	百	十	万	千	百	十	元	角	分

图 2—8 银行存款日记账封面

银行存款日记账

表 2—15

年		凭证号数	支票号数	对方科目	摘要	√	收入（借方）金额										付出（贷方）金额										结余金额									
月	日						亿	千	百	十	万	千	百	十	元	角	分	亿	千	百	十	万	千	百	十	元	角	分	亿	千	百	十	万	千	百	十	元	角	分

五、会计模拟实验应准备的物品清单

会计模拟实验室应准备**小剪刀、名章、公章、印台、印油、加厚订书机一台、订书针、手工打眼裁纸机**等**日常周转公共用品**。本教材模拟实验应购买的**一次性消耗专用物品**，见表 2—16。

表 2—16

会计模拟实训所需物品名称及数量参考一览表

<table>
<tr><th colspan="4">物品名称</th><th>单位</th><th>数量</th><th colspan="2">备注</th></tr>
<tr><td rowspan="3">记账凭证</td><td colspan="3">收款凭证</td><td>张</td><td>20</td><td colspan="2">每 5 人（组）一本</td></tr>
<tr><td colspan="3">付款凭证</td><td>张</td><td>50</td><td colspan="2">每 2 人（组）一本</td></tr>
<tr><td colspan="3">转账凭证</td><td>张</td><td>50</td><td colspan="2">每 2 人（组）一本</td></tr>
<tr><td rowspan="16">账页</td><td colspan="3">总分类账</td><td>本</td><td>1</td><td colspan="2">普通三栏式，24 开本 100 页</td></tr>
<tr><td colspan="3">库存现金日记账</td><td>页</td><td>2</td><td colspan="2"></td></tr>
<tr><td colspan="3">银行存款日记账</td><td>页</td><td>4</td><td colspan="2"></td></tr>
<tr><td rowspan="13">明细账</td><td colspan="2">三栏式（甲式）</td><td>张</td><td>30</td><td colspan="2">每 3 人（组）一本</td></tr>
<tr><td colspan="2">数量金额式（乙式）</td><td>张</td><td>10</td><td colspan="2">每 10 人（组）一本</td></tr>
<tr><td rowspan="11">多栏式</td><td>应交增值税（专用）</td><td>张</td><td>8</td><td colspan="2">每 12 人（组）一本</td></tr>
<tr><td>生产成本（专用）</td><td>张</td><td>2</td><td colspan="2">每 25 人（组）一本</td></tr>
<tr><td>制造费用</td><td>张</td><td>1</td><td colspan="2" rowspan="9">这一部分所需的多栏式明细账可采用通用格式，应有 9 个专栏。
每人（组）10 张，或每 10 人（组）一本</td></tr>
<tr><td>主营业务收入</td><td>张</td><td>1</td></tr>
<tr><td>营业外收入</td><td>张</td><td>1</td></tr>
<tr><td>主营业务成本</td><td>张</td><td>1</td></tr>
<tr><td>营业税金及附加</td><td>张</td><td>1</td></tr>
<tr><td>销售费用</td><td>张</td><td>1</td></tr>
<tr><td>管理费用</td><td>张</td><td>1</td></tr>
<tr><td>财务费用</td><td>张</td><td>1</td></tr>
<tr><td>营业外支出</td><td>张</td><td>1</td></tr>
<tr><td>资产减值损失</td><td>张</td><td>1</td></tr>
<tr><td rowspan="2">会计报表</td><td colspan="3">资产负债表</td><td>张</td><td>2</td><td>每 50 人（组）一本</td><td rowspan="2">也可使用本教材所提供的会计报表</td></tr>
<tr><td colspan="3">利润表</td><td>张</td><td>2</td><td>每 50 人（组）一本</td></tr>
<tr><td colspan="4">记账凭证封皮</td><td>张</td><td>4</td><td colspan="2" rowspan="2">分 3 旬和月末结账、调账业务装订成 4 本，每本顺序为收款凭证、付款凭证、转账凭证</td></tr>
<tr><td colspan="4">记账凭证包角（本教材附表已提供）</td><td>张</td><td>4</td></tr>
<tr><td rowspan="2">账簿封皮</td><td colspan="3">甲式、乙式明细账封皮</td><td>副</td><td>1</td><td colspan="2" rowspan="2">三栏式（甲式）、数量金额式（乙式）、日记账、可合并装订在一起</td></tr>
<tr><td colspan="3">多栏式明细账封皮（长）</td><td>副</td><td>1</td></tr>
<tr><td colspan="4">科目汇总表</td><td>张</td><td>5</td><td colspan="2">每 20 人（组）一本</td></tr>
<tr><td colspan="4">账绳</td><td>根</td><td>2</td><td colspan="2"></td></tr>
<tr><td colspan="4">装订线</td><td>米</td><td>3</td><td colspan="2">每班 2 卷</td></tr>
<tr><td colspan="4">财会专用笔（蓝色）</td><td>支</td><td>2</td><td colspan="2">规格为 0.35 毫米</td></tr>
<tr><td colspan="4">财会专用笔（红色）</td><td>支</td><td>1</td><td colspan="2">规格为 0.35 毫米</td></tr>
<tr><td colspan="4">回形针</td><td>盒</td><td>1</td><td colspan="2">小盒</td></tr>
<tr><td colspan="4">30cm 直尺</td><td>把</td><td>1</td><td colspan="2"></td></tr>
<tr><td colspan="4">大铁夹</td><td>个</td><td>3</td><td colspan="2"></td></tr>
<tr><td colspan="4">带钩铁锥</td><td>把</td><td>1</td><td colspan="2"></td></tr>
<tr><td colspan="4">会计资料盒（厚度为 5.5cm）</td><td>个</td><td>1</td><td colspan="2">全部实训资料装盒后上交</td></tr>
</table>

六、会计凭证的整理与装订方法

1. 整理凭证并加具封面、封底和包角

(1) 整理记账凭证（后附原始凭证，且左对齐、上对齐进行粘贴）。按照第三章的实操一至实操三所编制的记账凭证及第 4 章和第五章所编制的记账凭证，分四部分（本）进行整理。

(2) 凭证排列顺序。对以上 4 部分（本）记账凭证中的每一部分：❶按照收、付、转的顺序整理；❷对收、付、转记账凭证再按照编号顺序整理；❸在每一部分（本）记账凭证的最前面粘贴该部分记账凭证所编制的科目汇总表。

(3) 加具封面和封底。对以上整理好的每本记账凭证：❶将本书附录五所给出的 4 张记账凭证封皮撕下，然后沿裁剪线撕成封面和封底；❷将记账凭证的封面和封底分别加具到整理好的 4 本记账凭证的前后；❸将本书附录五所给出的包角撕下，沿虚线（打孔线）撕成 4 个十字包角，分别加具到封面的左上角（字朝下）；❹再次整理凭证并以左上角对齐，用铁夹将其紧紧夹住。

2. 打眼

在十字包角上以对角线的两点，用装订机从外到里均匀地打两个眼**（在包角上已标出）**，注意不能太靠外以免装订不牢实，也不能太靠里以免不便于翻阅查证。

3. 穿线

第一步：将一根长约 60CM 的装订线分 1/4 和 3/4 折叠；

第二步：从里面的那个眼，将带钩锥子从正面穿出，从背面钩住装订线的折叠处并将其拉出（不要拉透，留出一个活扣），然后压住装订线的短线头，将装订线的长线头翻过来从活扣中穿出并拉紧；

第三步：再次从里面的那个眼，将带钩锥子从正面穿出，从背面钩住装订线的长线头（折叠并留出穿线余地），然后将其拉出（拉透不留活扣）并拉紧，这样形成第一个十字角；

第四步：从外面的那个眼，将带钩锥子从背面穿出，从正面钩住装订线的长线头（折叠并留出穿线余地），然后将其拉出（不要拉透，留出一个活扣），将装订线的长线头翻过来从活扣中穿出并拉紧；

第五步：再次从外面的那个眼，从背面将带钩锥子穿出，从正面钩住装订线的长线头（折叠并留出穿线余地），然后将其拉出（拉透不留活扣）并拉紧，这样形成第二个十字角。

4. 打结

在凭证的背面，将装订线的两端系上拉紧并打死结，然后用剪刀剪掉多余的线头。

(1) 封角。沿着十字包角的斜线折叠翻转露出包角正面，将十字包角的两头，抹上胶水，然后再将包角向下、向右折叠到背面并粘牢，要求包角能将装订线的线头全部覆盖上。

(2) 填写凭证脊背。在十字包角翻转折叠粘贴形成的凭证脊背上，填写日期、凭证总号及起止号数（第几号至第几号）、凭证册序（第几册）和凭证册数（共几册）。

(3) 填写封面。在凭证封面上填写起止日期、账册编号（第几册、共几册）、凭证种类、起止号数、凭证张数、附件张数、会计档案的卷宗号及保管年限等。

（4）盖章、归档。装订人员在装订线封签处签名或盖章，然后归档。

七、会计记账数字的书写要求

（一）阿拉伯数字的标准写法

阿拉伯数字，简称小写数字：1、2、3、4、5、6、7、8、9、0 等，是世界各国的通用数字。在财会工作中，阿拉伯数字的书写方法与普通书写方法有所不同，已形成一定的格式。它要求：❶字体各自成形，大小均匀，排列整齐，字迹工整、清晰；❷数字不能写满格，每个数字一般约占格子高度的 1/2，要留出空隙，以备更正改错之用，也清晰美观；❸贴格子的底线书写，只有“7”、“9”两个数字可以超过底线一点，所占位置不能超过底线下格的 1/4；❹字体要自右上方斜向左下方书写，斜度一致，约为 60 度，并且同一相邻数字之间要空出半个小写数字的位置；❺由上而下按纵行累加的数字，要注意对准位数；❻有圆圈的数字，如“6”、“8”、“9”、“0”等，圆圈必须书写完整、对齐；❼对容易混淆的数字，如“0”和“6”、“1”和“7”、“7”和“9”、“3”和“5”、“3”和“8”等，尤其要严格区别，避免混同；❽“1”字不能写短，要符合斜度，以防改为“4”、“6”、“7”和“9”，“6”字起笔要伸到上半格的 1/4 处，下圆要明显，以防改“6”为“8”。阿拉伯数字的标准字体如下：

（二）汉数大写数字的标准写法

汉数大写金额数字是我国在长期的会计实践中为防止人为篡改数字而采取的措施。一般要求：❶用正楷或行书书写，不能使用一、二、三、四、五、六、七、八、九、十、廿、卅等字样；❷不得自造简化字，也不能写谐音字，如果金额数字书写中使用繁体字也应受理；❸同一行的相邻数字之间要空出半个汉字大写数字的位置；❹字体各自成形，大小均匀，排列整齐、工整、清晰。汉数大写金额数字的标准字体如下：

八、传票销号单及其使用方法

为了便于对记账凭证进行编号，不发生重号、隔号，以及会计交易或事项（或业务）不发生重编、漏编记账凭证，在模拟实验时，建议使用“传票销号单”。传票销号单上：❶“凭证号”1、2、3 等是指该类记账凭证的编号；❷“业务号”是指与该号凭证相对应的会计交易或事项（或业务）序号。从第一笔业务开始应做到以下几点：

（1）应确定所编记账凭证的类别及编号。本教材建议记账凭证分为收、付、转三类，不再区分库存现金和银行存款。

（2）将原始凭证按虚线裁下并按会计交易或事项（或业务）顺序号排列，然后填制记账凭证并按以上分类进行编号。

（3）每编完一张记账凭证，应按记账凭证的编号顺序将传票销号单上该凭证号数用斜线划掉或划“√”注销，既表示该号凭证已编制完毕，也表示下一张该类凭证的编号为紧接划掉后的该号数。

（4）将所编记账凭证的业务序号对应填列在业务号的空格处，便于进行核对。第二、三……笔业务的销号方法依此类推。

传票销号单见表2—17至表2—19。

表2—17

收款凭证编号及销号单

凭证号	1	2	3	4	5	6	7	8	9	10
业务号										
凭证号	11	12	13	14	15	16	17			
业务号										

表2—18

付款凭证编号及销号单

凭证号	1	2	3	4	5	6	7	8	9	10
业务号										
凭证号	11	12	13	14	15	16	17	18	19	20
业务号										
凭证号	21	22	23	24	25	26	27	28	29	30
业务号										
凭证号	31	32	33	34	35	36	37			
业务号										

表2—19

转账凭证编号及销号单

凭证号	1	2	3	4	5	6	7	8	9	10
业务号										
凭证号	11	12	13	14	15	16	17	18	19	20
业务号										
凭证号	21	22	23	24	25	26	27	28	29	30
业务号										
凭证号	31	32	33	34	35	36	37	38	39	40
业务号										
凭证号	41	42	43	44	45					
业务号										

第三章　平时会计交易或事项的处理

平时会计交易或事项是指本月发生的除成本计算、期末会计事项和会计报表编制外的会计交易或事项。根据模拟实验企业采用“科目汇总表账务处理程序”结合会计模拟实验的组织方法，本章分为 3 个实操：❶12 月 1—10 日会计交易或事项的处理；❷12 月 11—20 日会计交易或事项的处理；❸12 月 21—31 日会计交易或事项的处理。

实操一　12 月 1—10 日会计交易或事项的处理

一、操作流程与具体要求

根据会计模拟实验的组织方法并结合会计岗位设置及职责，本实操应按如下流程和要求进行：

(1) 审核会计交易或事项（原始凭证）。审核员（会计主管）接到外来或自制的原始凭证后：❶对其进行合法性、合规性、合理性审核并签署审核意见；❷将审核无误的原始凭证按照业务顺序撕成条状传递给制单会计。

(2) 编制记账凭证。制单会计对经审核员（会计主管）审核无误的原始凭证：❶在空白记账凭证上编制会计分录并在记账凭证的“制单”处签名或盖章；❷将原始凭证粘贴在已填制完成的记账凭证后面并将其传递给审核员（会计主管）。（**提示：**1—10 日会计事项需要编制收款凭证 4 张、付款凭证 14 张、转账凭证 5 张）

(3) 登记日记账。出纳员接到审核员（会计主管）审核无误的收款凭证和付款凭证后：❶根据记账凭证逐日、逐笔登记库存现金日记账和银行存款日记账；❷在每一日最后一笔收付款业务登记完毕后，按日对日记账进行本日合计并结出余额。

(4) 登记明细账。根据审核无误的记账凭证和有关原始凭证：❶记账会计登记有关明细账（包括根据“领料单”登记“原材料”明细账）；❷出纳员根据原始凭证中的“产品入库单”和“产品出库单”登记“库存商品”明细账的“收入”栏数量和“发出”栏数量并结出“结存”栏数量。

(5) 编制“科目汇总表”。当每一旬的会计交易或事项填制完记账凭证后，主管会计应对本旬会计交易或事项所填制的记账凭证进行汇总，并编制“科目汇总表”。

(6) 登记总账。记账会计根据“科目汇总表”登记总账，并在总账栏打钩。

二、12 月 1—10 日的会计交易或事项（原始凭证）

12 月 1—10 日发生的会计交易或事项，见业务 1—业务 22 所给出的原始凭证。

业务 1 $\frac{1}{4}$

东海增值税专用发票

发票联

№ 15452166

5302159140　　　　开票日期：2015 年 11 月 28 日

购买方	名　　称：光明市永春机械公司 纳税人识别号：310040213456070 地 址 、电 话：光明市建设路 68 号，0513—98706543 开户行及账号：工商银行光明市支行 23004500670089			密码区	（略）		
货物或应税劳务、服务名称	规格型号	单　位	数　量	单　价	金　额	税　率	税　额
乙材料		千克	2 000	55	110 000	17%	18 700
合　计					110 000		18 700
价税合计（大写）	⊗壹拾贰万捌仟柒佰元整				（小写）￥128 700.00		
销售方	名　　称：东海市秋林公司 纳税人识别号：530206316453201 地 址 、电 话：东海市天明路 36 号，0678—5608942 开户行及账号：工商银行天明路办事处 382246790025				备注		

商业承兑汇票

东海市秋林公司 530206316453201 发票专用章

第三联 发票联 购买方记账凭证

收款人：黄来才　　复核：　　开票人：刘大科　　销售方：（章）

业务 1 $\frac{2}{4}$

货物运输业增值税专用发票

发票联

№ 05452152

5302154230　　　　开票日期：2015 年 11 月 28 日

承运人及纳税人识别号	东海市前进物流公司 310306316783240	密码区	2209398307/800470＜＊7529348607010924 07/7/+＊＞8/1＊＜＞41－/33＞9＞4/// 526/360＊8＊－＞240667629－4334＊ 33670/＞6/+9＊93＜5+00/＜	加密版本：01 3101154230 05452152	
实际受票方及纳税人识别号	光明市永春机械公司 310040213456070				
收货人及纳税人识别号	光明市永春机械公司 310040213456070	发货人及纳税人识别号	东海市秋林公司 530206316453201		
起运地、经由、到达地					
费用项目及金额	费用项目　金额 运费　8 000.00	货物运输信息	商业承兑汇票		
合计金额	￥8 000.00	税率 11%	税额 ￥880.00	机器编号	499000633522
价税合计（大写）	⊗ 捌仟捌佰捌拾元整			（小写）￥8 880.00	
车种车号		车船吨位		备注	
主管税务机关及代码	第六税务所 13101234567				

东海市前进物流公司 310306316783240 发票专用章

第三联 发票联 受票方记账凭证

收款人：刘叶青　　复核人：石晶晶　　开票人：陈泽亮　　承运人（盖章）

业务 1 $\frac{3}{4}$

光明市永春机械公司　收料单

编号：1101

供货单位：东海市秋林公司　　2015 年 12 月 1 日　　仓库：原料库

材料类别	材料编号	名称及规格	计量单位	数量		实际成本（元）			
				应收	实收	发票价格	采购费用	合计	单价
（略）	（略）	乙材料	千克		2 000	110 000	8 000	118 000	59.00
合　计									

二 财务联

供销主管：莫发愁　　保管员：特认真　　记账：高桂格　　制单：艾志丹

业务 1　文字说明及账务处理提示：

12 月 1 日，收到并验收入库 11 月 28 日从东海市秋林公司购入的乙材料，同时收到增值税专用发票，注明数量2 000千克，单价 55 元，价款 110 000 元，增值税税额 18 700 元。收到对方代垫运费转来的东海市前进物流公司开具的货运业增值税专用发票，上列运费 8 000 元，增值税税额 880 元。货款及运费签发一张金额为 137 580 元、付款期限为 6 个月的商业承兑汇票。

借：原材料——乙材料
　　应交税费——应交增值税（进项税额）　　　　转 1，附件 4 张
　贷：应付票据——秋林公司

❶根据“收料单”登记“原材料——乙材料”明细账的收入栏，包括数量、单价、金额；❷根据记账凭证登记“应交税费——应交增值税”明细账的“进项税额”专栏和“应付票据——秋林公司”明细账。

业务 1 $\frac{4}{4}$

商业承兑汇票（卡片） 1

AB 01 00800369

出票日期（大写） 贰零壹伍年壹拾贰月零壹日

<table>
<tr><td rowspan="3">付款人</td><td>全　称</td><td>光明市永春机械公司</td><td rowspan="3">收款人</td><td>全　称</td><td colspan="11">东海市秋林公司</td></tr>
<tr><td>账　号</td><td>23004500670089</td><td>账　号</td><td colspan="11">382246790025</td></tr>
<tr><td>开户银行</td><td>工商银行光明市支行</td><td>开户银行</td><td colspan="11">工商银行天明路办事处</td></tr>
<tr><td colspan="2" rowspan="2">出票金额</td><td colspan="4" rowspan="2">人民币（大写） 壹拾叁万柒仟伍佰捌拾元整</td><td>亿</td><td>千</td><td>百</td><td>十</td><td>万</td><td>千</td><td>百</td><td>十</td><td>元</td><td>角</td><td>分</td></tr>
<tr><td></td><td></td><td>¥</td><td>1</td><td>3</td><td>7</td><td>5</td><td>8</td><td>0</td><td>0</td><td>0</td></tr>
<tr><td colspan="2">汇票到期日（大写）</td><td>贰零壹陆年零陆月零贰日</td><td colspan="2" rowspan="2">付款人开户行</td><td>行号</td><td colspan="10">105603000606</td></tr>
<tr><td colspan="2">交易合同号码</td><td>H2017—3849</td><td>地址</td><td colspan="10">光明市建设路 180 号</td></tr>
<tr><td colspan="3">董药印丽</td><td colspan="13">备注：
出票人签章</td></tr>
</table>

此联由承兑人存查

业务 2

ICBC 中国工商银行 借款凭证

2015 年 12 月 1 日

0099240

<table>
<tr><td>借款人</td><td>光明市永春机械公司</td><td>贷款账号</td><td colspan="2">500—3891</td><td>存款账号</td><td colspan="10">23004500670089</td></tr>
<tr><td rowspan="2">贷款金额</td><td colspan="5" rowspan="2">人民币（大写） 肆拾万元整</td><td>千</td><td>百</td><td>十</td><td>万</td><td>千</td><td>百</td><td>十</td><td>元</td><td>角</td><td>分</td></tr>
<tr><td></td><td>¥</td><td>4</td><td>0</td><td>0</td><td>0</td><td>0</td><td>0</td><td>0</td><td>0</td></tr>
<tr><td rowspan="2">用　途</td><td rowspan="2">周转使用</td><td>期限</td><td colspan="2">约定还款日期</td><td colspan="11">2016 年 5 月 31 日</td></tr>
<tr><td>6 个月</td><td>贷款利率</td><td>0.6%/月</td><td colspan="2">借款合同号码</td><td colspan="9">500—371</td></tr>
<tr><td colspan="16">上列贷款已转入借款人指定的账户。
中国工商银行光明市支行 2015年12月01日 转讫
复核　　记账</td></tr>
</table>

第一联 回单

业务 3 $\frac{1}{3}$

光明市永春机械公司 领料单

编号：1201

领料单位：生产车间　　2015 年 12 月 1 日　　仓库：原料库

<table>
<tr><td rowspan="2">材料类别</td><td rowspan="2">材料编号</td><td rowspan="2">名称及规格</td><td rowspan="2">计量单位</td><td colspan="2">数　量</td><td rowspan="2">单　价</td><td rowspan="2">金　额</td><td rowspan="2">领料用途</td></tr>
<tr><td>请领</td><td>实发</td></tr>
<tr><td>（略）</td><td>（略）</td><td>甲材料</td><td>千克</td><td></td><td>1 400</td><td></td><td></td><td rowspan="4">生产 A 产品</td></tr>
<tr><td>（略）</td><td>（略）</td><td>乙材料</td><td>千克</td><td></td><td>1 240</td><td></td><td></td></tr>
<tr><td>（略）</td><td>（略）</td><td>丙材料</td><td>千克</td><td></td><td>1 400</td><td></td><td></td></tr>
<tr><td></td><td></td><td></td><td></td><td></td><td></td><td></td><td></td></tr>
</table>

二 财务联

车间主管：高安全　　保管员：特认真　　记账：高桂格　　制单：艾志丹

业务 3　文字说明及账务处理提示：

12 月 1 日，车间及供销科领用材料。

业务 3－1：领料单联次及用途。❶领料单一般为一式四联：第一联（领料单位联）、第二联（财务联）、第三联（仓库联）、第四联（存根联）；❷仓库保管员平时根据“仓库联”登记仓库“原材料”明细账的“发出”栏数量，财务部门月末将“财务联”汇总编制“发料凭证汇总表”；❸特别说明：本书为缩小篇幅只给出“财务联”，实操时可一联两用（下同）。

业务 2　文字说明及账务处理提示：

12 月 1 日，从银行借入期限为 6 个月的临时周转借款 400 000 元并已转入指定账户，借款月利率为 0.6%，利息按照季度结算。

借：银行存款
　　贷：短期借款——工行光支　　　　收 1，附件 1 张

根据记账凭证登记“银行存款日记账”和“短期借款——工行光支”明细账。

业务 3 $\frac{2}{3}$

光明市永春机械公司　领料单

编号：1202

领料单位：生产车间　　2015 年 12 月 1 日　　仓库：原料库

材料类别	材料编号	名称及规格	计量单位	数量		单价	金额	领料用途
				请领	实发			
（略）	（略）	甲材料	千克		1 500			生产 B 产品
（略）	（略）	乙材料	千克		2 600			

二 财务联

车间主管：高安全　保管员：特认真　记账：高桂格　制单：艾志丹

业务 3 $\frac{3}{3}$

光明市永春机械公司　领料单

编号：1203

领料单位：供销科　　2015 年 12 月 1 日　　仓库：原料库

材料类别	材料编号	名称及规格	计量单位	数量		单价	金额	领料用途
				请领	实发			
（略）	（略）	丙材料	千克		1 400			产品销售包装

二 财务联

车间主管：高安全　保管员：特认真　记账：高桂格　制单：艾志丹

业务 4 $\frac{1}{5}$

河东增值税专用发票

发票联

№ 15452967

1402158140　　开票日期：2015 年 11 月 28 日

购买方	名　　称：光明市永春机械公司 纳税人识别号：310040213456070 地 址 、电 话：光明市建设路 68 号，0513—98706543 开户行及账号：工商银行光明市支行 23004500670089				密码区	（略）		
货物或应税劳务、服务名称	规格型号	单　位	数　量	单　价	金　额	税　率	税　额	
甲材料		千克	5 000	100	500 000	17%	85 000	
乙材料		千克	6 000	50	300 000	17%	51 000	
合　计					800 000		136 000	
价税合计（大写）	⊗玖拾叁万陆仟元整				（小写）￥936 000.00			
销售方	名　　称：河东市金通公司 纳税人识别号：140206315853205 地 址 、电 话：河东市永济街 88 号，0358—7808900 开户行及账号：工商银行天明路办事处 382246790025				备注	河东市金通公司 140206315853205 发票专用章		

第三联 发票联 购买方记账凭证

收款人：李来发　复核：　开票人：郭有理　销售方：（章）

业务 4　文字说明及账务处理提示：

12 月 1 日，收到 11 月 28 日从河东市金通公司购入甲、乙两种材料的增值税专用发票。❶甲材料 5 000 千克、单价 100 元、价款 500 000 元、增值税税额 85 000 元；乙材料 6 000 千克、单价 50 元、价款 300 000 元，增值税税额 51 000 元。❷对方代垫运费并转来承运单位河东市茂源物流公司开具的货运业增值税专用发票，注明运费 55 000 元，增值税税额 6 050 元。❸材料已经验收入库，并收到银行转来的“托收凭证（付款通知）”，货款及运费通过银行付讫。运费根据重量进行分配。

借：原材料——甲材料
　　　　　——乙材料
　　应交税费——应交增值税（进项税额）　　　　付 1，附件 5 张
　贷：银行存款

❶根据“收料单”登记“原材料”明细账的“收入”栏，包括数量、单价、金额；❷根据记账凭证登记“应交税费——应交增值税”明细账的“进项税额”专栏和“银行存款日记账”。

业务 3—3：本企业对于材料发出的核算采用“月末一次加权平均法”。❶平时只根据“领料单”在登记“原材料”明细账后，将“领料单”妥善保管；❷到月末，将本月所有“领料单”分类，汇总其领用数量，由材料会计根据“原材料”明细账月初结存数量和金额、本月收入数量和金额，按月末一次加权平均法计算发出单价，并以其乘以发出数量，得出并登记发出金额；❸编制“发料凭证汇总表”，然后根据“发料凭证汇总表”填制借记“生产成本”等账户、贷记“原材料”账户的转账凭证。

业务 3—2：该业务不编制会计分录。❶需要根据“领料单”登记各种“原材料”明细账的“发出”栏的数量；❷在登记“原材料”明细账时，凭证“种类”为“领”字，“号数”为“领料单”右上角的编号；❸特别说明：在登记完“原材料”明细账后，应将“领料单”妥善保管，在处理第 72 笔业务时要用。

业务 4 $\frac{2}{5}$

货物运输业增值税专用发票

№ 15452152

1402154230

开票日期：2015 年 11 月 28 日

(印章：全国统一发票监制章 河东 国家税务总局监制；发票联)

承运人及纳税人识别号	河东市茂源物流公司 530306316783240	密码区	24398307/800470＜＊3829348628092405/5/＋＊＞8/1＊＜＞41－/22＞9＞4///526/ 380＊8＊－＞390667629－4140＊33670/＞ 6/＋9＊93＜5＋＝11/＜	加密版本：01 3101154230 15452152
实际受票方及纳税人识别号	光明市永春机械公司 310040213456070			
收货人及纳税人识别号	光明市永春机械公司 310040213456070	发货人及纳税人识别号	河东市金通公司 140206315853205	
起运地、经由、到达地				
费用项目及金额	费用项目：运费　金额：55 000.00	货物运输信息		
合计金额	￥55 000.00　税率 11%　税额 ￥6 050.00	机器编号	288000633510	
价税合计（大写）	⊗ 陆万壹仟零伍拾元整	（小写）	￥61 050.00	
车种车号	车船吨位	备注	(印章：河东市茂源物流公司 530306316783240 发票专用章)	
主管税务机关及代码	高新税务所 11402234567			

收款人：王一凡　　复核人：徐亚明　　开票人：赵文慧　　承运人（盖章）

第三联 发票联 受票方记账凭证

业务 4 $\frac{3}{5}$

ICBC 中国工商银行　托收凭证（付款通知）　5　№

委托日期 2015 年 11 月 28 日　　付款期限 2015 年 12 月 1 日

业务类型	委托收款（☑邮划、☐电划）　托收承付（☐邮划、☐电划）				
付款人 全称	光明市永春机械公司		收款人 全称	河东市金通公司	
付款人 账号	23004500670089		收款人 账号	382246790025	
付款人 地址	省光明市县	开户行 工行光明支行	收款人 地址	省河东市县	开户行 工行天明办
金额	人民币（大写）玖拾玖万柒仟零伍拾元整		亿千百十万千百十元角分	￥997 050 00	
款项内容	货款	托收凭据名称	增值税专用发票	附寄单证张数	
商品发运情况			合同名称号码		

备注：

付款人开户银行收到日期：2015 年 12 月 01 日

复核　　记账

付款人开户银行签章　2015 年 12 月 01 日

(印章：中国工商银行光明市支行 2015年12月01日 转讫)

付款人注意：

1. 根据支付结算办法，上列委托收款（托收承付）款项在付款期限内未提出拒付，即视为同意付款，以此代付款通知。
2. 如需提出全部或部分拒付，应在规定期限内，将拒付理由书并附债务证明退交开户银行。

此联付款人开户银行给付款人按期付款通知

业务 4 $\frac{4}{5}$

采购费用分配表

2015 年 12 月 3 日　　金额单位：元

材料名称	分配标准（材料重量：千克）	分配率	分配金额
甲材料	5 000	5	25 000
乙材料	6 000	5	30 000
合　计	11 000		55 000

会计主管：钱一凡　　制单：刘景明　　复核：高桂格

业务 4 $\frac{5}{5}$

光明市永春机械公司　收料单

编号：1102

供货单位：河东市金通公司　　2015 年 12 月 1 日　　仓库：原料库

材料类别	材料编号	名称及规格	计量单位	数量		实际成本（元）			
				应收	实收	发票价格	采购费用	合计	单价
（略）	（略）	甲材料	千克		5 000	500 000	25 000	525 000	105.00
		乙材料	千克		6 000	300 000	30 000	330 000	55.00
合 计						800 000	55 000	855 000	

二　财务联

供销主管：莫发愁　保管员：特认真　记账：高桂格　制单：艾志丹

业务 5 $\frac{1}{3}$

光明增值税专用发票

№ 15452152

3102157140　　记账联　　开票日期：2015 年 12 月 3 日

（全国统一发票监制章　光明　国家税务总局监制）

购买方	名　称：光明市联华机械公司 纳税人识别号：310020314956839 地 址 、电 话：光明市华光路 12 号，0513—29670384 开户行及账号：工商银行北海办事处 2300860048126	密码区	（略）

货物或应税劳务、服务名称	规格型号	单　位	数　量	单　价	金　额	税　率	税　额
A 产品		台	50	6 000	300 000	17%	51 000
B 产品		台	100	4 000	400 000	17%	68 000
合　计					700 000		119 000
价税合计（大写）	⊗捌拾壹万玖仟元整				（小写）¥819 000.00		

销售方	名　称：光明市永春机械公司 纳税人识别号：310040213456070 地 址 、电 话：光明市建设路 68 号，0513—98706543 开户行及账号：工商银行光明市支行 23004500670089	备注	

第一联　记账联　销售方记账凭证

收款人：王进勇　复核：　开票人：刘富民　销售方：（章）

业务 5 $\frac{2}{3}$

ICBC 中国工商银行　进账单　（收账通知）　3

2015 年 12 月 3 日

出票人	全　称	光明市联华机械公司	收款人	全　称	光明市永春机械公司
	账　号	2300860048126		账　号	23004500670089
	开户银行	工行北海办		开户银行	工行光明市支行

金额	人民币（大写）	捌拾壹万玖仟元整	亿	千	百	十	万	千	百	十	元	角	分
					¥	8	1	9	0	0	0	0	0

票据种类	转账支票	票据张数	1
票据号码	14025112		

复核　记账

（中国工商银行光明市支行　2015年12月03日　转讫）

收款人开户银行签章

此联是收款人开户银行交给收款人的收账通知

业务 5　文字说明及账务处理提示：

12 月 3 日，企业向本市联华机械公司销售下列产品：A 产品 50 台、单价 6 000 元、价款 300 000元、增值税税额 51 000 元；B 产品 100 台、单价 4 000 元、价款 400 000 元、增值税税额 68 000元。货已发出，款项已通过银行转账收讫。

借：银行存款
　贷：主营业务收入——A 产品
　　　　　　　　——B 产品
　　　应交税费——应交增值税（销项税额）　　收 2，附件 2 张

❶根据“产品出库单”登记“库存商品”明细账的“发出”栏数量后，将“产品出库单”妥善保管，在处理第 78 笔业务时要用；❷根据记账凭证登记“银行存款日记账”、“主营业务收入”明细账的有关专栏和“应交税费——应交增值税”明细账的“销项税额”专栏。

业务 5 $\frac{3}{3}$

光明市永春机械公司　产品出库单

仓库：成品库

购货单位：联华机械公司　　2015 年 12 月 3 日　　编号：2401

产品编号	规格	产品名称	计量单位	数量 应发	数量 实发	单价 成本	金额	备注
（略）	（略）	A 产品	台		50			对外销售
		B 产品	台		100			

二 财务联

供销主管：莫发愁　保管员：甄仔细　记账：高桂格　制单：严尧秋

业务 6 $\frac{1}{2}$

光明增值税专用发票

№ 15453864

发票联

3102157140　　开票日期：2015 年 12 月 3 日

购买方	名称：光明市永春机械公司 纳税人识别号：310040213456070 地址、电话：光明市建设路 68 号，0513—98706543 开户行及账号：工商银行光明市支行 23004500670089	密码区	（略）				
货物或应税劳务、服务名称	规格型号	单位	数量	单价	金额	税率	税额
广告费		m^2	100	500	50 000	6%	3 000
合计					50 000		3 000
价税合计（大写）	⊗伍万叁仟元整				（小写）¥53 000.00		
销售方	名称：光明市阳明广告公司 纳税人识别号：310206318853206 地址、电话：光明市奉化街 20 号，0513—78029160 开户行及账号：工商银行奉化街办事处 382246790025	备注	光明市阳明广告公司 310206318853206 发票专用章				

第三联 发票联 购买方记账凭证

收款人：赵发才　复核：　开票人：常有礼　销售方：（章）

业务 6 $\frac{2}{2}$

中国工商银行　转账支票存根

支票号码 15203130

附加信息

出票日期 2015 年 12 月 3 日

收款人：	光明市阳明广告公司
金　额：	53 000.00
用　途：	支付广告费

单位主管：李永春　会计：高桂格

业务 7 $\frac{1}{2}$

中国工商银行　转账支票存根

支票号码 15203131

附加信息

出票日期 2015 年 12 月 3 日

收款人：	斯特软件开发公司
金　额：	190 800.00
用　途：	支付购买管理软件款

单位主管：李永春　会计：高桂格

业务6　文字说明及账务处理提示：

12月3日，收到光明市阳明广告公司开具的增值税专用发票（发票联）1张（现代服务业），上列广告费价款50 000元和增值税税额3 000元。已通过银行付讫。

借：销售费用——广告费
　　应交税费——应交增值税（进项税额）　　付2，附件2张
　贷：银行存款

根据记账凭证登记“销售费用”明细账的“广告费”专栏、“应交税费——应交增值税”明细账的“进项税额”专栏和“银行存款日记账”。

业务 7 $\frac{2}{2}$

光明增值税专用发票

发票联

№ 15762285

3102146543

开票日期：2015 年 12 月 3 日

购买方	名　　称：光明市永春机械公司 纳税人识别号：310040213456070 地 址 、电 话：光明市建设路 68 号，0513－98706543 开户行及账号：工商银行光明市支行 23004500670089			密码区	（略）		
货物或应税劳务、服务名称	规格型号	单　位	数　量	单　价	金　额	税　率	税　额
管理软件		套	1	180 000	180 000	6%	10 800
合　计					180 000		10 800
价税合计（大写）	⊗壹拾玖万零捌佰元整				（小写）￥190 800.00		
销售方	名　　称：斯特软件开发公司 纳税人识别号：310038259060214 地 址 、电 话：光明市桃园路 154 号，0513－66880721 开户行及账号：工商银行桃园路办事处 550044790022			备注			

收款人：王国华　　复核：　　开票人：黄修远　　销售方：（章）

第三联　发票联　购买方记账凭证

业务 8 $\frac{1}{2}$

ICBC 中国工商银行

交易时间：20151205　09：26：43

客户名称：光明市永春机械公司

缴费账号：23004500670089　　序号：

缴费方式：转账　　币种：人民币

实缴金额：100.00

缴费明细

序号	实缴金额	收费种类名称
1	50.00	转账支票工本费
2	50.00	现金支票工本费

交易网点：0725　　交易柜员：d638

客户交费回单

业务 8 $\frac{2}{2}$

ICBC 中国工商银行 购买凭证委托书

客户填写	客户名称	光明市永春机械公司		账　号	23004500670089	
	经办人姓名		证件名称	身份证	证件号码	
	购买凭证名称		单位(本/份)	数　量	印鉴：	
	转账支票		1/25	1		
	现金支票		1/25	1	本人已收到此次所购凭证。 经办人签名：	

第二联　客户回单

01000401GG　210×148mm

业务 8　文字说明及账务处理提示：

12 月 5 日，购买现金支票和转账支票各 1 本，工本费 100 元。开户银行将从该公司的账户中扣款。

借：财务费用——工本费
　贷：银行存款　　　　付 4，附件 2 张

根据记账凭证登记“财务费用”明细账所属的“工本费”专栏和“银行存款日记账”。

业务 7　文字说明及账务处理提示：

12 月 3 日，从本市斯特软件开发公司购进一套管理软件，并收到增值税专用发票，注明价款 180 000 元，增值税税额 10 800 元。已验收合格并交付使用，开出金额为 190 800 元的转账支票支付。

借：无形资产——管理软件
　　应交税费——应交增值税（进项税额）　　　　付 3，附件 2 张
　贷：银行存款

根据记账凭证登记“无形资产——管理软件”明细账、“银行存款日记账”和“应交税费——应交增值税”明细账的“进项税额”专栏。

业务 9 $\frac{1}{2}$

纹川行政事业单位收费发票

发 票 联

发票代码 610000023003

发票号码 25502804

单位或个人名称：光明市永春机械公司　　2015 年 12 月 5 日

项　目	单　位	数　量	收费标准	金额 百	十	万	千	百	十	元	角	分	备　注
捐　款					1	1	4	8	0	0	0	0	抗震救灾捐款
合计（大写）	壹拾壹万肆仟捌佰元整			¥	1	1	4	8	0	0	0	0	

②发票联

收款单位：（章）　　开票人：李彩萍　　收款人：王爱无

业务 9 $\frac{2}{2}$

ICBC 中国工商银行　电汇凭证（回　单）　1

委托日期 2015 年 12 月 5 日　　第 1 号

汇款人	全　称	光明市永春机械公司	收款人	全　称	纹川市红十字协会
	账　号	23004500670089		账　号	3600480059876
	汇出地点	省光明市/县		汇出地点	川西省纹川市/县
汇出行名称		工商银行光明市支行	汇入行名称		工商银行纹川市支行
金额	人民币（大写）	壹拾壹万肆仟捌佰元整			亿 千 百 十 万 千 百 十 元 角 分 ¥ 1 1 4 8 0 0 0 0
汇出行签章			支付密码 附加信息及用途： **支援抗震救灾捐款。** 复核：　记账：		

此联汇出行给汇款人的回单

业务 10 $\frac{1}{2}$

光明市永春机械公司　产品入库单

仓库：成品库

交库单位：生产车间　　2015 年 12 月 5 日　　编号：2301

产品编号	规格	产品名称	计量单位	数量 送检	数量 实收	单价成本	总成本	备　注
（略）	（略）	A 产品	台		300			完工入库

二 财务联

车间主管：高安全　　保管员：甄仔细　　记账：高桂格　　制单：严尧秋

业务 10　文字说明及账务处理提示：

12 月 5 日，车间产品完工入库。

业务 10－1：产品入库单联次及用途。❶“产品入库单”一般为一式四联：仓库存查联、财务联、送货人存查联、统计联；❷平时，在产成品入库时都不填制记账凭证，只登记“库存商品”明细账的“收入”栏数量；❸月末，由产成品会计汇总入库数量填列“完工产品成本计算汇总表”，然后根据“完工产品成本计算汇总表”编制借记“库存商品”账户、贷记“生产成本”账户的转账凭证；❹特别说明：本书为缩小篇幅，全部产成品入库业务只给出财务联。实习时，可一联两用(下同)。

业务 9　文字说明及账务处理提示：

12 月 5 日，为抗震救灾向纹川市红十字协会捐款 114 800 元，已通过银行付讫。

借：营业外支出——捐赠支出
　贷：银行存款　　　　付 5，附件 2 张

根据记账凭证登记“营业外支出”明细账的“捐赠支出”专栏和“银行存款日记账”。

业务 10 $\frac{2}{2}$

光明市永春机械公司　产品入库单

仓库：成品库

交库单位：生产车间　　2015 年 12 月 5 日　　编号：2302

产品编号	规格	产品名称	计量单位	数量		单位成本	总成本	备　注
				送检	实收			
（略）	（略）	B 产品	台		400			完工入库

二 财务联

车间主管：高安全　　保管员：甄仔细　　记账：高桂格　　制单：严尧秋

业务 11 $\frac{1}{3}$

南沙增值税专用发票

№ 15453850

发票联

8902152140　　开票日期：2015 年 12 月 5 日

购买方	名　　称：光明市永春机械公司 纳税人识别号：310040213456070 地 址 、电 话：光明市建设路 68 号，0513—98706543 开户行及账号：工商银行光明市支行 23004500670089			密码区	（略）		
货物或应税劳务、服务名称	规格型号	单　位	数　量	单　价	金　额	税　率	税　额
展销摊位费		个	5	4 000	20 000	6%	1 200
合　计					20 000		1 200
价税合计（大写）	⊗贰万壹仟贰佰元整				（小写）￥21 200.00		
销售方	名　　称：南沙市阳光展览中心 纳税人识别号：890206318853008 地 址 、电 话：南沙市中华街 1 号，0918—8029161 开户行及账号：建设银行南沙市分行 560046220020			备注			

第三联 发票联 购买方记账凭证

收款人：王发明　　复核：　　开票人：艾卓玛　　销售方：（章）

（印章：全国统一发票监制章 国家税务总局监制；南沙市阳光展览中心 890206318853008 发票专用章）

业务 11 $\frac{2}{3}$

ICBC 中国工商银行　信汇凭证（回　单）

委托日期 2015 年 12 月 5 日　　第 1 号

汇款人	全　称	光明市永春机械公司	收款人	全　称	南沙市阳光展览中心
	账　号	23004500670089		账　号	560046220020
	汇出地点	省光明市/县		汇出地点	省南沙市/县
汇出行名称		工商银行光明支行	汇入行名称		建行南沙市分行

金额	人民币（大写）	贰万壹仟贰佰元整	亿	千	百	十	万	千	百	十	元	角	分
						￥	2	1	2	0	0	0	0

支付密码

附加信息及用途：

支付展销摊位费。

汇出行签章　　复核：　　记账：

（印章：工商银行光明市支行 2015年12月05日 转讫）

此联汇出行给汇款人的回单

业务 11　文字说明及账务处理提示：

业务 11－1：12 月 5 日，用银行存款支付南沙市阳光展览中心的展销摊位费，价款 20 000 元，增值税税额 1 200 元。

借：销售费用——展销费
　　应交税费——应交增值税（进项税额）
　　财务费用——手续费　　　　付 6，附件 3 张
　贷：银行存款

根据记账凭证登记“销售费用”明细账的“展销费”专栏、“应交税费——应交增值税”明细账的“进项税额”专栏、“财务费用”明细账的“手续费”专栏和“银行存款日记账”。

特别说明：企业办理信汇业务，银行要收取手续费并直接从汇款人银行账户上扣款。业务 11 分别属于不同收款人的两笔业务，本书为减少记账凭证的编制，将其合并为一张记账凭证，但这样做，不便于月末与银行对账，不建议采用，以编制两张付款记账凭证为宜。

业务 10－2：该业务不编制会计分录。❶平时，根据“产品入库单”登记“库存商品”明细账的“收入”栏的数量；❷月末，结出入库数量并根据“完工产品成本计算汇总表”中的单位成本和总成本在“库存商品”明细账的“月结行”登记“收入”栏的单价和金额。

特别说明：❶登记“库存商品”明细账上的凭证种类、号数时，“种类”为“入”字，“号数”为“产品入库单”右上角的编号（下同）；❷在登记完“库存商品”明细账后，应将“产品入库单”妥善保管，在处理第 77 笔业务时要用。

业务 11 $\frac{3}{3}$

ICBC 中国工商银行邮、电手续费收费凭证（借方凭证）①

委托日期：2015 年 12 月 5 日　　No. 2673

缴款人名称	光明市永春机械公司	信（电）汇 1 笔　汇票　笔　其他　笔
账　号	23004500670089	异托、委托　笔　支票　本　专用托收　笔

邮费金额					电报费金额					手续费金额					合计金额						签章
百	十	元	角	分	百	十	元	角	分	百	十	元	角	分	千	百	十	元	角	分	中国工商银行光明市支行 2015年12月05日 转讫
										¥	4	0	0	0		¥	4	0	0	0	
合计金额	人民币（大写）：肆拾元整																				

复核：　　收款：王芳　　制单：

业务 12 $\frac{1}{2}$

光明增值税专用发票

№ 15453800

3102157140　　发票联　　开票日期：2015 年 12 月 5 日

购买方	名　　称：光明市永春机械公司 纳税人识别号：310040213456070 地 址 、电 话：光明市建设路 68 号，0513—98706543 开户行及账号：工商银行光明市支行 23004500670089	密码区	（略）				
货物或应税劳务、服务名称	规格型号	单位	数量	单价	金额	税率	税额
丙材料		千克	1 000	90	90 000	17%	15 300
合　计					90 000		15 300
价税合计（大写）	⊗壹拾万伍仟叁佰元整				（小写）¥105 300.00		
销售方	名　　称：光明市鸿运公司 纳税人识别号：310206314853260 地 址 、电 话：光明市大同街 20 号，0513—98029160 开户行及账号：建设银行南沙分行 560046120020	备注	永春机械公司承诺下月付款。				

货款未付

收款人：夏建国　　复核：　　开票人：徐杨帆　　销售方：（章）

第三联　发票联　购买方记账凭证

业务 12 $\frac{2}{2}$

光明市永春机械公司　收料单

编号：1103

供货单位：光明市鸿运公司　　2015 年 12 月 5 日　　仓库：原料库

材料类别	材料编号	名称及规格	计量单位	数量		实际成本（元）			
				应收	实收	发票价格	采购费用	合计	单价
（略）	（略）	丙材料	千克		1 000	90 000		90 000	90.00
		合　计							

二　财务联

供销主管：莫发愁　　保管员：特认真　　记账：高桂格　　制单：艾志丹

业务 12　文字说明及账务处理提示：

12 月 5 日，从本市鸿运公司购入丙材料，并收到增值税专用发票。注明数量 1 000 千克、单价 90 元、价款 90 000 元、增值税税额 15 300 元。材料已验收入库，货款与对方商妥下月支付。

借：原材料——丙材料
　　应交税费——应交增值税（进项税额）　　　　转 2，附件 2 张
　贷：应付账款——鸿运公司

❶根据“收料单”登记“原材料——丙材料”明细账的“收入”栏，包括数量、单价、金额；❷根据记账凭证登记“应交税费——应交增值税”明细账的“进项税额”专栏和“应付账款——鸿运公司”明细账。

业务 13 $\frac{1}{4}$

东海增值税专用发票

№ 15463860

5302159140

发票联

开票日期：2015 年 12 月 5 日

购买方	名　　称：光明市永春机械公司 纳税人识别号：310040213456070 地 址 、电 话：光明市建设路 68 号，0513—98706543 开户行及账号：工商银行光明市支行 23004500670089			密码区	（略）		
货物或应税劳务、服务名称	规格型号	单　位	数　量	单　价	金　额	税　率	税　额
机床	HT98 型	台	5	82 600	413 000	17%	70 210
合　计					413 000		70 210
价税合计（大写）	⊗肆拾捌万叁仟贰佰壹拾元整				（小写）￥483 210.00		
销售方	名　　称：东海重型机械公司 纳税人识别号：530206316453201 地 址 、电 话：东海市江川路 69 号 0678—5608942 开户行及账号：工商银行天明路办事处 382246790025			备注	东海重型机械公司 530206316453201 发票专用章		

第三联 发票联 购买方记账凭证

收款人：黄愈发　　复核：　　开票人：杨若凡　　销售方：（章）

业务 13 $\frac{2}{4}$

货物运输业增值税专用发票

№ 05452100

5302154230

发票联

开票日期：2015 年 12 月 5 日

承运人及纳税人识别号	东海市快捷物流公司 530306316783240	密码区	859398307/800470＜＊42934860712407/7/ ＋＊＞8/1＊＜＞41－/33＞9＞4///526/ 360＊8＊－＞50667629－4356＊55671/＞ 6/＋9＊92＜5＋＝08/＜ 加密版本：01 5302154230 05452100
实际受票方及纳税人识别号	光明市永春机械公司 310040213456070		
收货人及纳税人识别号	光明市永春机械公司 310040213456070	发货人及纳税人识别号	东海重型机械公司 530206316453201
起运地、经由、到达地			
费用项目及金额	费用项目　金额 运费　20 000.00	货物运输信息	
合计金额	￥20 000.00　税率　11%　税额　￥2 200.00	机器编号	566000353520
价税合计（大写）	⊗贰万贰仟贰佰元整		（小写）￥22 200.00
车种车号	车船吨位	备注	东海市快捷物流公司 530306316783240 发票专用章
主管税务机关及代码	永安税务所 15302234599		

第三联 发票联 受票方记账凭证

收款人：刘叶青　　复核：石晶晶　　开票人：陈泽亮　　承运人（章）

业务 13 $\frac{3}{4}$

固定资产交接（验收）单

2015 年 12 月 7 日

编号	名称	规格	型号	计量单位	数量	建造单位		备注
0512	机床		HT98 型	台	5	东海重型机械公司		
总价	买价	安装费	运杂费	包装费	其他	原值	预计年限	净残值率
	413 000		20 000			433 000	10 年	5%
用途	生产用		使用部门		生产车间		已提折旧	
验收意见		合格，交付使用			验收人签章		陆新华	

财务主管：钱一凡　　制单：刘景明　　复核：高桂格

业务 13　文字说明及账务处理提示：

12 月 7 日，收到 12 月 5 日从东海重型机械公司购入不需要安装的 HT98 型机床 5 台，买价为 413 000 元，增值税税额为 70 210 元。对方代垫运费并转来东海市快捷物流公司开具的货运业增值税专用发票，注明运费 20 000 元，增值税税额 2 200 元。全部支出已用银行存款支付。

借：固定资产——生产用固定资产
　　应交税费——应交增值税（进项税额）　　　　付 7，附件 4 张
　贷：银行存款

根据记账凭证登记“固定资产——生产用固定资产”明细账、“应交税费——应交增值税”明细账的“进项税额”专栏和“银行存款日记账”。

业务 13 $\frac{4}{4}$

ICBC 中国工商银行 托收凭证（付款通知）5 №

委托日期 2015 年 12 月 5 日　　付款期限 2015 年 12 月 7 日

业务类型	委托收款（□邮划、☑电划）　托收承付（□邮划、□电划）						
付款人	全称	光明市永春机械公司		收款人	全称	东海重型机械公司	
	账号	23004500670089			账号	382246790025	
	地址	省北海市/县	开户行：工行光明支行		地址	省东海市/县	开户行：工行天明办
金额	人民币（大写）伍拾万伍仟肆佰壹拾元整				亿千百十万千百十元角分	¥505410.00	
款项内容	货款	托收凭据名称	增值税专用发票		附寄单证张数	2	
商品发运情况					合同名称号码		
备注： 付款人开户银行收到日期：2015 年 12 月 06 日 复核　记账		付款人开户银行签章 2015 年 12 月 07 日			付款人注意： 1. 根据支付结算办法，上列委托收款（托收承付）款项在付款期限内未提出拒付，即视为同意付款，以此代付款通知。 2. 如需提出全部或部分拒付，应在规定期限内，将拒付理由书并附债务证明退交开户银行。		

（盖章：中国工商银行光明市支行 2015年12月07日 转）

此联付款人开户银行给付款人按期付款通知

业务 14 $\frac{1}{4}$

光明增值税专用发票

№ 15452153

3102157140　　记账联　　开票日期：2015 年 12 月 7 日

（盖章：全国统一发票监制章 光明 国家税务总局监制）

购买方	名称：清海市明远公司 纳税人识别号：620320314956840 地址、电话：清海市新建路 72 号，0318—3967001 开户行及账号：工商银行清海市分行 6805860048125			密码区	（略）		
货物或应税劳务、服务名称	规格型号	单位	数量	单价	金额	税率	税额
A 产品		台	150	6 000	900 000	17%	153 000
B 产品		台	150	4 000	600 000	17%	102 000
合计					1 500 000		255 000
价税合计（大写）	⊗壹佰柒拾伍万伍仟元整				（小写）¥1 755 000.00		
销售方	名称：光明市永春机械公司 纳税人识别号：310040213456070 地址、电话：光明市建设路 68 号，0513—98706543 开户行及账号：工商银行光明市支行 23004500670089			备注			

（盖章：商业承兑汇票）

第一联 记账联 销售方记账凭证

收款人：王进勇　复核：　开票人：刘富民　销售方：（章）

业务 14 $\frac{2}{4}$

光明市永春机械公司　产品出库单

仓库：成品库

购货单位：清海市明远公司　2015 年 12 月 7 日　编号：2402

产品编号	规格	产品名称	计量单位	数量 应发	数量 实发	单价成本	金额	备注
（略）	（略）	A 产品	台		150			对外销售
		B 产品	台		150			

二 财务联

供销主管：莫发愁　保管员：甄仔细　记账：高桂格　制单：严尧秋

业务 14—2：❶根据“产品出库单”登记“库存商品”明细账的“发出”栏数量后，将“产品出库单”妥善保管，在处理第 78 笔业务时要用；❷根据记账凭证（转 3）登记“应收票据——明远公司”明细账、“主营业务收入”明细账的有关专栏和“应交税费——应交增值税”明细账的“销项税额”专栏；❸根据记账凭证（付 8）登记“应收票据——明远公司”明细账和“银行存款日记账”。

业务 14　文字说明及账务处理提示：

业务 14—1：12 月 7 日，向清海市明远公司销售下列产品：A 产品 150 台，单价 6 000 元，价款 900 000 元，增值税税额 153 000 元；B 产品 150 台，单价 4 000 元，价款 600 000 元，增值税税额 102 000 元。另以银行存款支付代垫运费 9 000 元。货已发出，收到明远公司签发的期限为 5 个月、面值为 1 764 000 元的商业承兑汇票一张。

借：应收票据——明远公司
　贷：主营业务收入——A 产品
　　　　　　　　　——B 产品
　　　应交税费——应交增值税（销项税额）
转 3，附件 2 张

借：应收票据——明远公司
　贷：银行存款
付 8，附件 1 张

业务 14 $\frac{3}{4}$

商业承兑汇票 2

AB/01 00800371

出票日期（大写）贰零壹伍年壹拾贰月零柒日

付款人	全　　称	清海市明远公司	收款人	全　　称	光明市永春机械公司												
	账　　号	6805860048125		账　　号	23004500670089												
	开户银行	工商银行清海市分行		开户银行	工商银行光明市支行												
出票金额		人民币（大写）壹佰柒拾陆万肆仟元整			亿	千	百	十	万	千	百	十	元	角	分		
						¥	1	7	6	4	0	0	0	0	0		
汇票到期日（大写）		贰零壹陆年零肆月零柒日	付款人开户行	行号	380011457												
交易合同号码				地址	清海市明星路 388 号												
本汇票已经承兑，到期无条件付款。 承兑人签章 承兑日期 2015 年 12 月 07 日			本汇票请予以承兑，并于到期日付款。 出票人签章														

此联持票人开户行随托收凭证寄付款人开户行作借方凭证附件

业务 14 $\frac{4}{4}$

中国工商银行 转账支票存根

支票号码 15203132

附加信息

出票日期 2015 年 12 月 7 日

收款人：	光明市同顺物流公司
金　额：	9 000.00
用　途：	代垫运费（清海市明远公司）

单位主管：李永春　　会计：高桂格

业务 15 $\frac{1}{2}$

中国工商银行 转账支票存根

支票号码 15203133

附加信息

出票日期 2015 年 12 月 7 日

收款人：	光明市鸿明大酒店
金　额：	60 200.00
用　途：	支付餐饮费

单位主管：李永春　　会计：高桂格

业务15 $\frac{2}{2}$

光明市餐饮业统一发票（卷票）
GUANG MING RETAIL BUSINESS INVOICE

发票代码：110101774739183000
INVOICE CODE
发票号码：62994185
INVOICE NO
密码：[redacted]
PASSWORD
信息码：2015120704
INP NUMBER
税务登记号：310083420864154
TAXTEGISTRY NO
收款单位：光明市鸿明大酒店
PAYEE
付款单位：光明市永春机械公司
PAYER
经销项目 ITEM　　金额 AMOUNT
餐饮
金额合计：￥60 200.00
（人民币大写）陆万零贰佰元整
TOTALIN CAPTITAL
机打票号：000100010008709
PRINTING NO
税控置防伪码：1327 8097 9200 0473 6001
ANTI-FORGERY CODE
税控装置号：
RECEIVER NO

业务 15　文字说明及账务处理提示：

12 月 7 日，开出转账支票支付光明市鸿明大酒店餐饮费 60 200 元。

借：管理费用——业务招待费
　贷：银行存款　　付 9，附件 2 张

根据记账凭证登记“管理费用”明细账的“业务招待费”专栏和“银行存款日记账”。

业务 17 $\frac{1}{2}$

中国工商银行　现金支票存根

支票号码 15103019

附加信息

出票日期 2015 年 12 月 9 日

收款人：	光明市永春机械公司
金　额：	980 000.00
用　途：	由银行代发工资

（印章：光明市永春……财务专……）

单位主管：李永春　　会计：高桂格

业务 16

ICBC 中国工商银行　托收凭证（收账通知）　4　№

委托日期 2015 年 12 月 4 日　　付款期限 2015 年 12 月 7 日

业务类型	委托收款（□邮划、☑电划）　托收承付（□邮划、□电划）				
付款人 全称	五方市天宏公司		收款人 全称	光明市永春机械公司	
付款人 账号	6805860048120		收款人 账号	23004500670089	
付款人 地址	省五方市县	开户行 工行五方分行	收款人 地址	省光明市县	开户行 工行光明支行
金额 人民币（大写）	玖拾万元整		亿 千 百 十 万 千 百 十 元 角 分	¥ 9 0 0 0 0 0 0 0	
款项内容	货款	托收凭据名称	商业承兑汇票	附寄单证张数	1
商品发运情况			合同名称号码		
备注： 复核　记账		上列款项已划回收入你方账户内。 收款人开户银行签章 2015 年 12 月 07 日		托收 12 月 7 日到期的应收票据。	

（印章：中国工商银行光明市支行 2015年12月07日 转讫）

此联付款人开户行凭以汇款或收款人开户银行作收账通知

业务 17 $\frac{2}{2}$

工资结算汇总表

2015 年 11 月 30 日　　单位：元

车间或部门	应付职工薪酬				合　计
	基本工资	津　贴	奖　金	其　他	
生产车间	440 000	262 000	48 000	29 000	830 000
其中：A 产品生产工人	230 000	140 000	23 000	14 400	440 000
B 产品生产工人	180 000	112 000	20 000	11 600	340 000
车间管理人员	30 000	10 000	5 000	3 000	50 000
专设销售机构人员	20 000	11 000	12 000	3 000	50 000
企业管理部门	64 000	17 000	5 000	5 000	100 000
合　计	524 000	290 000	65 000	37 000	980 000

会计主管：莫奎荪　　制单：刘景明　　复核：高桂格

业务 17　文字说明及账务处理提示：

12 月 9 日，签发一张金额为 980 000 元的现金支票，委托银行代发上月工资。

借：应付职工薪酬——工资
　贷：银行存款　　　　　　　　　　　　付 10，附件 2 张

根据记账凭证登记“应付职工薪酬——工资”明细账和“银行存款日记账”。

业务 16　文字说明及账务处理提示：

12 月 7 日，收到银行转来的托收凭证（收账通知），注明金额为 900 000 元。为 12 月 4 日托收应收五方市天宏公司的到期（12 月 7 日）商业承兑汇票款。

借：银行存款
　贷：应收票据——天宏公司　　　　　　　　收 3，附件 1 张

根据记账凭证登记“银行存款日记账”和“应收票据——天宏公司”明细账。

业务 18 $\frac{1}{2}$

中华人民共和国
税收专用缴款书

(2015) 505 70525 国

光国缴

注册类型：有限责任公司　　填发日期：2015 年 12 月 09 日　　征收机关：光明市国税分局

缴款单位（人）		预算科目	
代码	612357128	编码	
全称	光明市永春机械公司	名称	增值税
开户银行	工行光明市支行	级次	中央 75%地方 25%
账号	23004500670089	收款国库	光明市中心支库
税款所属时期	2015 年 11 月　日	税款限缴日期	2015 年 12 月 10 日

品目名称	课税数量	计税金额或销售收入	税率或单位税额	已缴或扣除额	亿	千	百	十	万	千	百	十	元	角	分
机械制造			17%					3	0	0	0	0	0	0	0
金额合计	人民币（大写）叁拾万元整						￥	3	0	0	0	0	0	0	0

缴款单位（人）（盖章）经办人（章）	税务机关（盖章）填票人（章）	上列款项已收妥并划转收款单位账户 国库（银行）盖章　年　月　日	备注

无银行收讫章无效

第一联（收据）国库（银行）收款盖章后退缴款单位（人）作完税凭证

逾期不缴按税法规定加收滞纳金

业务 18 $\frac{2}{2}$

中华人民共和国
税收专用缴款书

(2015) 303 70323 地

光地缴

注册类型：有限责任公司　　填发日期：2015 年 12 月 09 日　　征收机关：光明市地税分局

缴款单位（人）		预算科目	
代码	612357128	编码	
全称	光明市永春机械公司	名称	所得税、城建税、教育费附加
开户银行	工行光明市支行	级次	
账号	23004500670089	收款国库	光明市中心支库
税款所属时期	2015 年 11 月　日	税款限缴日期	2015 年 12 月 10 日

品目名称	课税数量	计税金额或销售收入	税率或单位税额	已缴或扣除额	亿	千	百	十	万	千	百	十	元	角	分
所得税		1 600 000	25%					4	0	0	0	0	0	0	0
城市维护建设税		600 000	7%						4	2	0	0	0	0	0
教育费附加		600 000	3%						1	8	0	0	0	0	0
金额合计	人民币（大写）肆拾陆万元整						￥	4	6	0	0	0	0	0	0

缴款单位（人）（盖章）经办人（章）	税务机关（盖章）填票人（章）	上列款项已收妥并划转收款单位账户 国库（银行）盖章　年　月　日	备注：

无银行收讫章无效

第一联（收据）国库（银行）收款盖章后退缴款单位（人）作完税凭证

逾期不缴按税法规定加收滞纳金

业务 18　文字说明及账务处理提示：

12 月 9 日，填开中华人民共和国税收专用缴款书，缴纳上月未交增值税 300 000 元、应交所得税 400 000 元、应交城建税 42 000 元和应交教育费附加 18 000 元。

借：应交税费——未交增值税
　　　　　　——应交所得税
　　　　　　——应交城建税　　　　付 11，附件 2 张
　　　　　　——应交教育费附加
　贷：银行存款

根据记账凭证登记“应交税费”所属“应交所得税”、“未交增值税”、“应交城建税”、“应交教育费附加”明细账和“银行存款日记账”。

业务 19 $\frac{1}{3}$

光明市永春机械公司　产品出库单

仓库：成品库

购货单位：联华机械公司　　2015 年 12 月 9 日　　编号：2403

产品编号	规格	产品名称	计量单位	数量		单位成本	金额	备注
				应发	实发			
（略）	（略）	A 产品	台		50			对外销售
（略）	（略）	B 产品	台		50			

二 财务联

供销主管：莫发愁　　保管员：甄仔细　　记账：高桂格　　制单：严尧秋

业务 19 $\frac{2}{3}$

光明增值税专用发票

№ 15452154

3102157140　　记账联　　开票日期：2015 年 12 月 9 日

购买方	名称：光明市联华机械公司 纳税人识别号：310020314956839 地址、电话：光明市华光路 12 号，0513—29670384 开户行及账号：工商银行北海办事处 2300860048126	密码区	（略）

货物或应税劳务、服务名称	规格型号	单位	数量	单价	金额	税率	税额
A 产品		台	50	6 000	300 000	17%	51 000
B 产品		台	50	4 000	200 000	17%	34 000
合计					500 000		85 000
价税合计（大写）	⊗伍拾捌万伍仟元整				（小写）¥585 000.00		

销售方	名称：光明市永春机械公司 纳税人识别号：310040213456070 地址、电话：光明市建设路 68 号，0513—98706543 开户行及账号：工商银行光明市支行 23004500670089	备注	

第一联 记账联 销售方记账凭证

收款人：王进勇　　复核：　　开票人：刘富民　　销售方：（章）

业务 19 $\frac{3}{3}$

ICBC 中国工商银行　进账单　（收账通知）　3

2015 年 12 月 9 日

出票人	全称	光明市联华机械公司	收款人	全称	光明市永春机械公司
	账号	2300860048126		账号	23004500670089
	开户银行	工行北海办		开户银行	工行光明市支行
金额	人民币（大写）	伍拾捌万伍仟元整		亿千百十万千百十元角分	¥58500000
票据种类	转账支票	票据张数	1		
票据号码	15025112				
	复核　记账			收款人开户银行签章	

中国工商银行光明市支行 2015年12月09日 转讫

此联是收款人开户银行交给收款人的收账通知

业务 19　文字说明及账务处理提示：

12 月 9 日，向本市联华机械公司销售下列产品：A 产品 50 台、单价 6 000 元、价款 300 000 元、增值税税额 51 000 元；B 产品 50 台、单价 4 000 元、价款 200 000 元、增值税税额 34 000 元。货已发出，款项已通过银行转账收讫。

借：银行存款
　贷：主管业务收入——A 产品
　　　　　　　　——B 产品　　　　　　收 4，附件 2 张
　　应交税费——应交增值税（销项税额）

❶根据“产品出库单”登记“库存商品”明细账的“发出”栏数量后，将“产品出库单”妥善保管，在处理第 78 笔业务时要用；❷根据记账凭证登记“银行存款日记账”、“主营业务收入”明细账的有关专栏和“应交税费——应交增值税”明细账的“销项税额”专栏。

业务 20 $\frac{1}{2}$

光明市永春机械公司　产品出库单

仓库：成品库

购货单位：东海市新强公司　　2015 年 12 月 9 日　　编号：2404

产品编号	规格	产品名称	计量单位	数量		单位成本	金额	备注
				应发	实发			
（略）	（略）	A 产品	台		100			对外销售

二 财务联

供销主管：莫发愁　　保管员：甄仔细　　记账：高桂格　　制单：严尧秋

业务 20 $\frac{2}{2}$

光明增值税专用发票

记账联

№ 15452155

3102157140　　开票日期：2015 年 12 月 9 日

购买方	名称：东海市新强公司 纳税人识别号：530320314924830 地址、电话：东海市滨江路 82 号，0678—42670380 开户行及账号：建设银行东海分行 5800060048127				密码区	（略）		
货物或应税劳务、服务名称	规格型号	单位	数量	单价	金额	税率	税额	
A 产品		台	100	6 000	600 000	17%	102 000	
合计					600 000		102 000	
价税合计（大写）	⊗柒拾万贰仟元整					（小写）￥702 000.00		
销售方	名称：光明市永春机械公司 纳税人识别号：310040213456070 地址、电话：光明市建设路 68 号，0513—98706543 开户行及账号：工商银行光明市支行 23004500670089				备注	冲销前已预收的货款。		

冲销预收账款

第一联 记账联 销售方记账凭证

收款人：王进勇　　复核：　　开票人：刘富民　　销售方：（章）

业务 21 $\frac{1}{6}$

平原增值税专用发票

发票联

№ 15463860

6402156140　　开票日期：2015 年 12 月 6 日

购买方	名称：光明市永春机械公司 纳税人识别号：310040213456070 地址、电话：光明市建设路 68 号，0513—98706543 开户行及账号：工商银行光明市支行 23004500670089				密码区	（略）		
货物或应税劳务、服务名称	规格型号	单位	数量	单价	金额	税率	税额	
机床	BN69 型	台	2	390 000	780 000	17%	132 600	
合计					780 000		132 600	
价税合计（大写）	⊗玖拾壹万贰仟陆佰元整					（小写）￥912 600.00		
销售方	名称：平原市重型机械厂 纳税人识别号：640206310453209 地址、电话：平原市铜川路 169 号，0278—5608900 开户行及账号：工商银行铜川路办事处 380046090023				备注	平原市重型机械厂 640206310453209 发票专用章		

第三联 发票联 购买方记账凭证

收款人：同志峰　　复核：　　开票人：杨白冰　　销售方：（章）

业务 21　文字说明及账务处理提示：

业务 21－1：❶12 月 9 日，收到 12 月 6 日从平原市重型机械厂购入的 BN69 型设备并收到增值税专用发票。注明数量 2 台、单价 390 000 元、价款 780 000 元、增值税税额 132 600 元。对方代垫运费并转来承运单位平原市春生物流公司开具的货运业增值税专用发票，注明运费 50 000 元，增值税税额 5 500 元。全部款项已用银行存款支付。❷同日，将该设备发包给光明市晋源安装公司安装，通过银行支付安装费 10 000 元，当日安装完毕，经验收达到可使用状态，交付车间使用。

业务 20　文字说明及账务处理提示：

12 月 9 日，发出前已预收东海市新强公司货款的 A 产品，并开具增值税专用发票。注明数量 100 台、单价 6 000 元、价款 600 000 元、增值税税额 102 000 元。冲销前已预收的货款。

借：预收账款——新强公司
　贷：主营业务收入——A 产品　　　　转 4，附件 1 张
　　　应交税费——应交增值税（销项税额）

❶根据“产品出库单”登记“库存商品”明细账的发出数量栏后，将“产品出库单”妥善保管，在处理第 78 笔业务时要用；❷根据记账凭证登记“预收账款——新强公司”明细账、“主营业务收入”明细账的有关专栏和“应交税费——应交增值税”明细账的“销项税额”专栏。

业务 21 $\frac{2}{6}$

货物运输业增值税专用发票

№ 05456100

6403154230

发票联

开票日期：2015 年 12 月 6 日

承运人及纳税人识别号	平原市春生物流公司 640306316003240	密码区	3809398307/800470< * 629348607082403/ 3/+*>8/1*<>41−/22>8>4///625/ 360*8*−>389667629−4557*33670/> 8/+7*73<5+=20/<	加密版本：01 6403154230 05456100
实际受票方及纳税人识别号	光明市永春机械公司 310040213456070			
收货人及纳税人识别号	光明市永春机械公司 310040213456070	发货人及纳税人识别号	平原市重型机械厂 640206310453209	
起运地、经由、到达地				
费用项目及金额	费用项目 运费　金额 50 000.00	货物运输信息		
合计金额	¥50 000.00	税率 11%	税额 ¥5 500.00	机器编号 488000543521
价税合计（大写）	⊗伍万伍仟伍佰元整		（小写）¥55 500.00	
车种车号		车船吨位		
主管税务机关及代码	鑫光税务所 16403234520	备注	平原市春生物流公司 640306316003240 发票专用章	

第三联 发票联 受票方记账凭证

收款人：谢叶梅　　复核：李定旺　　开票人：赵婉霞　　承运人（章）

业务 21 $\frac{3}{6}$

ICBC 中国工商银行　托收凭证（付款通知）5　№

委托日期 2015 年 12 月 6 日　　付款期限 2015 年 12 月 9 日

业务类型	委托收款（☑邮划、☐电划）		托收承付（☐邮划、☐电划）	
付款人 全称	光明市永春机械公司	收款人 全称	平原市重型机械厂	
付款人 账号	23004500670089	收款人 账号	380046190023	
付款人 地址	省光明市县　开户行 工行光明支行	收款人 地址	省平原市县　开户行 工行铜川办	
金额	人民币（大写）玖拾陆万捌仟壹佰元整		亿 千 百 十 万 千 百 十 元 角 分：¥ 9 6 8 1 0 0 0 0	
款项内容	货款	托收凭据名称	增值税专用发票	附寄单证张数 2
商品发运情况			合同名称号码	

备注：
付款人开户银行收到日期：
2015 年 12 月 09 日

复核　记账

中国工商银行光明市支行 2015年12月09日 转讫

付款人开户银行签章
2015 年 12 月 09 日

付款人注意：
1. 根据支付结算办法，上列委托收款（托收承付）款项在付款期限内未提出拒付，即视为同意付款，以此代付款通知。
2. 如需提出全部或部分拒付，应在规定期限内，将拒付理由书并附债务证明退交开户银行。

此联付款人开户银行给付款人按期付款通知

业务 21 $\frac{4}{6}$

中国工商银行　转账支票存根

支票号码 15203134

附加信息

出票日期 2015 年 12 月 9 日

收款人：	光明市晋源安装公司
金　额：	10 000.00
用　途：	支付设备安装费用

单位主管：李永春　　会计：高桂格

业务 21－3：❶根据记账凭证（付 12）登记“在建工程——BN69 型设备工程”明细账、“应交税费——应交增值税”明细账的“进项税额”专栏和“银行存款日记账”；❷根据记账凭证（付 13）登记“在建工程——BN69 型设备工程”明细账和“银行存款日记账”；❸根据“在建工程——BN69 型设备工程”明细账，编制“固定资产交接（验收）单”，然后根据“固定资产交接（验收）单”，结转完工工程成本 940 000 元（期初余额 100 000＋本期发生额 840 000）；❹根据记账凭证（转 5）登记“固定资产——生产用固定资产”明细账和“在建工程——BN69 型设备工程”明细账。

业务 21－2：

借：在建工程——BN69 型设备工程
　　应交税费——应交增值税（进项税额）　　付 12，附件 3 张
　贷：银行存款

借：在建工程——BN69 型设备工程　　付 13，附件 2 张
　贷：银行存款

借：固定资产——生产用固定资产　　转 5，附件 1 张
　贷：在建工程——BN69 型设备工程

业务 21 $\frac{5}{6}$

光明建筑业统一机打发票

发 票 联

发票代码 **310001270061**
发票号码 **12713905**

开票日期 2015/12/09

付款单位（个人）光明市永春机械公司		税控码 3980 7283 8402 7227 7658 机打号码 12713905	
经营项目	单价	数量	金额
安装费			10 000.00
合计金额（大写）人民币壹万元整			¥10 000.00
收款单位 光明市晋源安装公司 税务登记号 310112784788931		机器编号 016500047768 开户银行及账号 工行光明支行 49—360851001720 税控装置打印发票 手写无效	

第一联 发票联

收款单位（盖章有效） 收款人： 开票人：朱焕婷

光明市晋源安装公司 310112784788931 发票专用章

全国统一发票监制章 光明 地方税务局监制

业务 22

ICBC 中国工商银行 托收凭证（付款通知） 5 No

委托日期 2015 年 12 月 6 日 付款期限 2015 年 12 月 9 日

业务类型	委托收款（☑邮划、□电划）		托收承付（□邮划、□电划）			
付款人 全称	光明市永春机械公司		收款人 全称	东海市春盛公司		
付款人 账号	23004500670089		收款人 账号	562046790025		
付款人 地址	省光明市县	开户行 工行光明支行	收款人 地址	省东海市县	开户行 工行冬梅办	
金额 人民币（大写）	壹拾捌万伍仟元整		亿 千 百 十 万 千 百 十 元 角 分	¥ 1 8 5 0 0 0 0 0		
款项内容	货款	托收凭据名称	商业承兑汇票	附寄单证张数	1	
商品发运情况			合同名称号码			
备注： **该商业承兑汇票到期日为 2015 年 12 月 09 日。** 复核 记账	付款人开户银行签章 2015 年 12 月 09 日		付款人注意： 1. 根据支付结算办法，上列委托收款（托收承付）款项在付款期限内未提出拒付，即视为同意付款，以此代付款通知。 2. 如需提出全部或部分拒付，应在规定期限内，将拒付理由书并附债务证明退交开户银行。			

此联付款人开户银行给付款人按期付款通知

中国工商银行光明市支行 2015年12月09日 转讫

业务 21 $\frac{6}{6}$

固定资产交接（验收）单

2015 年 12 月 9 日

编号	名称	规格	型号	计量单位	数量	建造单位		备注
0512	机床		BN69 型	台	2	平原市重型机械厂		
总价	买价	安装费	运杂费	包装费	其他	原值	预计年限	净残值率
	780 000	10 000	50 000		100 000	940 000	10 年	5%
用途	生产用		使用部门		生产车间		已提折旧	
验收意见	合格，交付使用				验收人签章		陆新华	

财务主管：钱一凡 制单：刘景明 复核：高桂格

业务 22　文字说明及账务处理提示：

12 月 9 日，收款单位春盛公司托收商业承兑汇票到期票据款项 185 000 元，已通过银行付讫。

借：应付票据——春盛公司
　贷：银行存款　　付 14，附件 1 张

根据记账凭证登记“应付票据——春盛公司”明细账和“银行存款日记账”。

实操二　12 月 11—20 日会计交易或事项的处理

一、操作流程与具体要求

根据会计模拟实验的组织方法并结合会计岗位设置及职责，本实操应按如下流程和要求进行：

(1) **审核会计交易或事项（原始凭证）。**审核员（会计主管）接到外来或自制的原始凭证后：❶对其进行合法性、合规性、合理性审核并签署审核意见；❷将审核无误的原始凭证按照业务顺序撕成条状传递给制单会计。

(2) **编制记账凭证。**制单会计对经审核员（会计主管）审核无误的原始凭证：❶在空白记账凭证上编制会计分录并在记账凭证的“制单”处签名或盖章；❷将原始凭证粘贴在已填制完成的记账凭证后面并将其传递给审核员（会计主管）。**提示：**11—20 日会计事项需要编制收款凭证 8 张、付款凭证 7 张、转账凭证 14 张。

(3) **登记日记账。**出纳员接到审核员（会计主管）审核无误的收款凭证和付款凭证后：❶根据记账凭证逐日、逐笔登记库存现金日记账和银行存款日记账；❷在每一日最后一笔收付款业务登记完毕后，按日对日记账进行本日合计并结出余额。

(4) **登记明细账。**根据审核无误的记账凭证和有关原始凭证：❶记账会计登记有关明细账（包括根据“领料单”登记“原材料”明细账）；❷出纳员根据原始凭证中的“产品入库单”和“产品出库单”登记“库存商品”明细账的“收入”栏数量和“发出”栏数量并结出“结存”栏数量。

(5) **编制“科目汇总表”。**当每一旬的会计交易或事项填制完记账凭证后，会计主管应对本旬会计交易或事项所填制的记账凭证进行汇总，编制“科目汇总表”。

(6) **登记总账。**记账会计根据“科目汇总表”登记总账，并在总账栏打钩。

二、12 月 11—20 日的会计交易或事项（原始凭证）

12 月 11—20 日发生的会计交易或事项，见业务 23—业务 46 所给出的原始凭证。

业务 23

ICBC 中国工商银行　托收凭证（付款通知）　5 №

委托日期 2015 年 12 月 8 日　　付款期限 2015 年 12 月 11 日

业务类型	委托收款（☑邮划、□电划）		托收承付（□邮划、□电划）			
付款人 全称	光明市永春机械公司		收款人 全称	东海市秋林公司		
付款人 账号	23004500670089		收款人 账号	382246790025		
付款人 地址	省光明市/县	开户行：工行光明支行	收款人 地址	省东海市/县	开户行：工行天明路办	
金额 人民币（大写）	贰拾壹万伍仟元整		亿 千 百 十 万 千 百 十 元 角 分	¥ 2 1 5 0 0 0 0 0		
款项内容	货款	托收凭据名称	商业承兑汇票	附寄单证张数		
商品发运情况			合同名称号码			
备注：该商业承兑汇票到期日为 2015 年 12 月 11 日。 复核　记账	付款人开户银行签章 2015 年 12 月 11 日		付款人注意： 1. 根据支付结算办法，上列委托收款（托收承付）款项在付款期限内未提出拒付，即视为同意付款，以此代付款通知。 2. 如需提出全部或部分拒付，应在规定期限内，将拒付理由书并附债务证明退交开户银行。			

（印章：中国工商银行光明市支行 2015年12月11日 转讫）

此联付款人开户银行给付款人按期付款通知

业务 23　文字说明及账务处理提示：

12 月 11 日，收款单位东海市秋林公司托收商业承兑汇票到期票据款项 215 000 元，已通过银行付讫。

借：应付票据——秋林公司
　贷：银行存款　　　　付 15，附件 1 张

根据记账凭证登记“应付票据——秋林公司”明细账和“银行存款日记账”。

业务 24 $\frac{1}{2}$

中国工商银行　转账支票存根

支票号码 15203135

附加信息

出票日期 2015 年 12 月 11 日

收款人：	光明市方正建筑公司
金　额：	140 000.00
用　途：	支付房屋修理费

单位主管：李永春　　会计：高桂格

（印章：光明市永春……财务专用章）

业务 24 $\frac{2}{2}$

光明建筑业统一机打发票

发　票　联

（印章：光明 地方税务局监制）

发票代码 **310001270061**
发票号码 **12713910**

开票日期 2015/12/11

付款单位（个人）光明市永春机械公司		税控码 3980 7283 8402 7227 7658 机打号码 12713905	
经营项目	单价	数量	金额
修理费			140 000.00
合计金额（大写）人民币 壹拾肆万元整			¥140 000.00
收款单位 光明市方正建筑公司 税务登记号 31011278466821		机器编号 016500047769 开户银行及账号 工行光明支行 370851441726 税控装置打印发票　手写无效	

第一联 发票联

（印章：光明市方正建筑公司 31011278466821 发票专用章）

收款单位（盖章有效）　　收款人：　　开票人：朱美华

业务 25 $\frac{1}{2}$

差旅费报销单

报销日期：2015 年 12 月 11 日

姓名			鲍巩英			出差事由		参加西京新技术展销会						
起程日期和地点			到达日期和地点			交通工具	车船费	出差补助		住宿费	其他费用		金额合计	单据 8 张
月	日	地点	月	日	地点			天	金额		摘要	金额		
12	4	光明	12	4	西京	飞机	850.00	6	300.00	480.00	交通费	170.00	1 800.00	
12	9	西京	12	9	光明	火车	350.00						350.00	
合　计							1 200.00		300.00	480.00		170.00	2 150.00	
预借金额	2 600.00	报销金额	贰仟壹佰伍拾元整				应退金额	450.00		应补金额				

（印章：现金收讫）

负责人批示：钱一凡　　审核人签章：高桂格　　出差人签章：鲍巩英　　出纳：富友立

业务 25　文字说明及账务处理提示：

12 月 11 日，采购员鲍巩英出差归来报销差旅费 2 150 元，并交回借款余款现金 450 元。

借：管理费用——差旅费
　贷：其他应收款——鲍巩英　　转 6，附件 1 张

借：库存现金
　贷：其他应收款——鲍巩英　　收 5，附件 1 张

❶ 根据记账凭证（转 6）登记“管理费用”明细账的“差旅费”专栏和“其他应收款——鲍巩英”明细账；❷根据记账凭证（收 5）登记“库存现金日记账”和“其他应收款——鲍巩英”明细账。

业务 24　文字说明及账务处理提示：

12 月 11 日，收到光明市方正建筑公司开来的普通发票，注明车间房屋修理费 40 000 元，公司办公大楼修理费 100 000 元，已开出转账支票支付。

借：管理费用——修理费
　贷：银行存款　　付 16，附件 2 张

❶根据记账凭证登记“管理费用”明细账的“修理费”专栏和“银行存款日记账”。❷提示：现行企业会计准则规定，应予费用化的房屋修理费用，不论是生产车间房屋还是管理用房屋，一律计入期间费用——管理费用。

业务 25 $\frac{2}{2}$

光明市永春机械公司 内部收据

2015 年 12 月 11 日　　　　编号：20151230

今　收　到

鲍巩英　交来　出差借款剩余　款

人民币（大写）**肆佰伍拾元整**

￥：450.00

备注：

第二联　记账联

记账：高桂格　　出纳：富友立　　制单：艾志丹

业务 26

ICBC 中国工商银行　托收凭证（收账通知）　4　№

委托日期 2015 年 12 月 7 日　　付款期限 2015 年 12 月 11 日

业务类型	委托收款（☑邮划、☐电划）　托收承付（☐邮划、☐电划）		
付款人 全称	清海市明远公司	收款人 全称	光明市永春机械公司
付款人 账号	6805860048125	收款人 账号	23004500670089
付款人 地址	省清海市/县　开户行：工行清海分行	收款人 地址	省光明市/县　开户行：工行光明支行
金额 人民币（大写）	伍拾捌万伍仟元整	亿千百十万千百十元角分	￥ 5 8 5 0 0 0 0 0
款项内容	货款　托收凭据名称：商业承兑汇票	附寄单证张数	1
商品发运情况	合同名称号码		
备注：**该商业承兑汇票到期日为 2015 年 12 月 11 日。** 复核　记账	上列款项已划回收入你方账户内。收款人开户银行签章 2015 年 12 月 11 日		

（中国工商银行光明市支行 2015年12月11日 转讫）

此联付款人开户行凭以汇款或收款人开户银行作收账通知

业务 27

光明市永春机械公司 收料单

编号：1104

供货单位：辽阳市风华公司　　2015 年 12 月 11 日　　仓库：原料库

材料类别	材料编号	名称及规格	计量单位	数量 应收	数量 实收	实际成本（元） 发票价格	采购费用	合计	单价
（略）	（略）	丙材料	千克		1 000	86 000	2 000	88 000	88.00
		合 计							

在途材料入库

二　财务联

供销主管：莫发愁　　保管员：特认真　　记账：高桂格　　制单：艾志丹

业务 27　文字说明及账务处理提示：

12 月 11 日，上月从辽阳市风华公司购买并已付款的在途丙材料 88 000 元（价款 86 000 元、运杂费 2 000 元），已验收入库。

借：原材料——丙材料
　贷：在途物资——风华公司　　转 7，附件 1 张

❶根据“收料单”登记“原材料——丙材料”明细账的“收入”栏，包括数量、单价、金额；❷根据记账凭证登记“在途物资——风华公司”明细账。

业务 26　文字说明及账务处理提示：

12 月 11 日，银行通知本企业托收的应收清海市明远公司票据款 585 000 元收讫。托收日期为 12 月 7 日，到期日为 12 月 11 日。

借：银行存款
　贷：应收票据——明远公司　　收 6，附件 1 张

根据记账凭证登记“银行存款日记账”和“应收票据——明远公司”明细账。

业务 29 $\frac{1}{3}$

光明市永春机械公司　领料单

编号：1204

领料单位：生产车间　　2015 年 12 月 13 日　　仓库：原料库

材料类别	材料编号	名称及规格	计量单位	数量		单价	金额	领料用途
				请领	实发			
（略）	（略）	甲材料	千克		3 000			生产 A 产品
（略）	（略）	乙材料	千克		2 500			
（略）	（略）	丙材料	千克		800			

二 财务联

车间主管：高安全　　保管员：特认真　　记账：高桂格　　制单：艾志丹

业务 28

ICBC 中国工商银行　电汇凭证（收账通知）　4

☑普通　□加急　　委托日期 2015 年 12 月 12 日

汇款人	全　称	大理市金花公司	收款人	全　称	光明市永春机械公司
	账　号	2805000048258		账　号	23004500670089
汇出行名称		工商银行大理市支行	汇入行名称		工商银行光明市支行
金额	人民币（大写）	贰佰万元整		亿千百十万千百十元角分	¥2 0 0 0 0 0 0 0 0

此汇款已收入收款人账户。

中国工商银行光明市支行 2015年12月13日 转讫

汇入行签章

支付密码

附加信息及用途：

偿还前欠永春机械公司的货款。

复核：　　记账：

2015 年 12 月 12 日

此联为给收款人的收账通知

业务 29 $\frac{2}{3}$

光明市永春机械公司　领料单

编号：1205

领料单位：生产车间　　2015 年 12 月 13 日　　仓库：原料库

材料类别	材料编号	名称及规格	计量单位	数量		单价	金额	领料用途
				请领	实发			
（略）	（略）	甲材料	千克		2 000			生产 B 产品
（略）	（略）	乙材料	千克		3 100			

二 财务联

车间主管：高安全　　保管员：特认真　　记账：高桂格　　制单：艾志丹

业务 29－2：该业务不编制会计分录。❶需要根据“领料单”登记各种“原材料”明细账的“发出”栏的数量；❷在登记“原材料”明细账时，凭证“种类”为“领”字，“号数”为“领料单”右上角的编号；❸特别说明：在登记完“原材料”明细账后，应将“领料单”妥善保管，在处理第 72 笔业务时要用。

本企业对于材料发出的核算采用“月末一次加权平均法”。❶平时只根据“领料单”在登记“原材料”明细账后，将“领料单”妥善保管；❷到月末，将本月所有“领料单”分类，汇总其领用数量，由材料会计根据“原材料”明细账月初结存数量和金额、本月收入数量和金额，按月末一次加权平均法计算发出单价，并以其乘以发出数量，得出并登记发出金额；❸编制“发料凭证汇总表”，然后根据“发料凭证汇总表”填制借记“生产成本”等账户、贷记“原材料”账户的转账凭证。

业务 28：文字说明及账务处理提示：

12 月 13 日，收到银行电汇凭证（收账通知），收到大理市金花公司前欠货款 2 000 000 元。

借：银行存款
　贷：应收账款——金花公司　　　　收 7，附件 1 张

根据记账凭证登记“银行存款日记账”和“应收账款——金花公司”明细账。

业务 29　文字说明及账务处理提示：

12 月 13 日，车间及供销科领用材料。

业务 29－1：领料单联次及用途：❶领料单一般为一式四联：第一联（领料单位联）、第二联（财务联）、第三联（仓库联）、第四联（存根联）；❷仓库保管员平时根据“仓库联”登记仓库“原材料”明细账的“发出”栏数量，财务部门月末将“财务联”汇总，编制“发料凭证汇总表”；❸特别说明：本书为缩小篇幅只给出财务联，实训时可一联两用（下同）。

业务 29 $\frac{3}{3}$

光明市永春机械公司 领料单

编号：1206

领料单位：供销科　　2015 年 12 月 13 日　　仓库：原料库

材料类别	材料编号	名称及规格	计量单位	数量		单价	金额	领料用途
				请领	实发			
（略）	（略）	丙材料	千克		1 350			产品销售包装

二 财务联

车间主管：高安全　保管员：特认真　记账：高桂格　制单：艾志丹

业务 30 $\frac{1}{2}$

光明国家税务局通用机打发票

发票联

发票代码：210046876620

发票号码：200486

开票日期：2015 年 12 月 13 日

付款单位：光明市永春机械公司

品名	规格	单位	数量	单价	金额
复印纸		箱	2	80.00	160.00
移动硬盘			1	420.00	420.00
文件夹			3	17.00	51.00
合计	（大写）陆佰叁拾壹元整			（小写）631.00	
备注	购买办公用品，直接交付各车间、部门使用				

第一联 发票联

（印章：全国统一发票监制章 光明国家税务局 国家税务总局监制）

（印章：光明市文化用品公司 310138241678215 发票专用章）

收款单位名称（盖章）：　开票人：徐玉婷　（手开无效）

（特别说明：集中定期报销。普通发货票（发票联）共有 10 张，为减少篇幅，此处只列示 1 张，其余从略，金额总计 4 500 元）

业务 30 $\frac{2}{2}$

办公用品领用分配表

附件 10 张

2015 年 12 月 13 日　　金额单位：元

项目／部门	复印纸		移动硬盘		文件夹		金额合计
	数量	金额	数量	金额	数量	金额	
生产车间	2	160	2	840			1 000.00
企业管理部门	8	640	6	2 520	20	340	3 500.00
合计	10	800	8	3 360	20	340	4 500.00

财务主管：钱一凡　制单：刘景明　复核：高桂格

业务 30　文字说明及账务处理提示：

12 月 13 日，公司办公室主任赵婉茹统一报销办公费用 4 500 元，以现金付讫。其中，车间应负担 1 000 元、公司行政管理部门应负担 3 500 元。

借：制造费用——办公费
　　管理费用——办公费　　　　付 17，附件 2 张
　贷：库存现金

根据记账凭证登记“制造费用”明细账的“办公费”专栏、“管理费用”明细账的“办公费”专栏和“库存现金日记账”。

业务 31 $\frac{1}{3}$

光明市永春机械公司　产品出库单

仓库：成品库

购货单位：王明辉　　2015 年 12 月 13 日　　编号：2404

产品编号	规格	产品名称	计量单位	数量 应发	数量 实发	单位成本	金额	备注
（略）	（略）	B 产品	台		5			对外销售

二 财务联

供销主管：莫发愁　　保管员：甄仔细　　记账：高桂格　　制单：严尧秋

业务 31 $\frac{2}{3}$

光明增值税普通发票

记账联

№ 15452102

3102151160　　开票日期：2015 年 12 月 13 日

购买方	名　　称：王明辉 纳税人识别号： 地 址 、电 话： 开户行及账号：			密码区	（略）		
货物或应税劳务、服务名称	规格型号	单　位	数　量	单　价	金　额	税　率	税　额
B 产品		台	5	4 000	20 000	17%	3 400
合　计					20 000		3 400
价税合计（大写）	⊗贰万叁仟肆佰元整				（小写）￥23 400.00		
销售方	名　　称：光明市永春机械公司 纳税人识别号：310040213456070 地 址 、电 话：光明市建设路 68 号，0513—98706543 开户行及账号：工商银行光明市支行 23004500670089			备注			

第一联 记账联 销售方记账凭证

收款人：王进勇　　复核：　　开票人：刘富民　　销售方：（章）

业务 31 $\frac{3}{3}$

ICBC 中国工商银行　现金缴款单

2015 年 12 月 13 日　　序号：

客户填写部分	收款人户名		光明市永春机械公司								
	收款人账号		23004500670089			收款人开户行	工商银行光明市支行				
	缴　款　人		张晓芳			款项来源	货款				
	币种（√）	人民币☑ 外币：	大写：贰万叁仟肆佰元整				亿 千 百 十 万 千 百 十 元 角 分 ￥ 2 3 4 0 0 0 0				
	券别	100 元	50 元	20 元	10 元	5 元	2 元	1 元	辅币（金额）	封包（金额）	
	张数	200	60	10	20						
银行打印	上述款项已入账，请核对与银行打印信息一致。										

第二联 收款人入账通知

中国工商银行光明市支行 2015年12月13日 转讫

（银行打印有效）　　收款人：王大忠

业务 31－2：❶根据“产品出库单”登记“库存商品”明细账的“发出”栏数量后，将“产品出库单”妥善保管，在处理第 78 笔业务时要用；❷根据记账凭证（收 8）登记“库存现金日记账”、“主营业务收入”明细账的有关专栏和“应交税费——应交增值税”明细账的“销项税额”专栏；❸根据记账凭证（付 18）登记“银行存款日记账”和“库存现金日记账”。

业务 31　文字说明及账务处理提示：

业务 31－1：12 月 13 日，❶向王明辉销售 B 产品，开出增值税普通发票，注明数量 5 台，单价 4 000 元，价款 20 000 元，增值税税额 3 400 元。收到现金 23 400 元。❷同时，填写现金缴款单将现金送存银行。

借：库存现金
　贷：主营业务收入——B 产品　　　　收 8，附件 1 张
　　应交税费——应交增值税（销项税额）

借：银行存款
　贷：库存现金　　　　付 18，附件 1 张

业务 32

坏账损失确认单

2012 年 3 月入账的应收光华公司的货款 55 000 元，经当地工商管理部门确认，该公司已于 1 年前破产倒闭。因此，该款项已无法收回，经公司董事会讨论决定，将该款项作为坏账损失处理。

财务经理：钱一凡

2015 年 12 月 13 日

会计主管：钱一凡　　制单：刘景明　　复核：高桂格

业务 33

ICBC 中国工商银行　电汇凭证（收账通知）　4

☑普通　☐加急　　委托日期 2015 年 12 月 11 日

汇款人	全称	上海市诚信金属公司	收款人	全称	光明市永春机械公司
	账号	5608480058754		账号	23004500670089
汇出行名称		建设银行临港分行	汇入行名称		工商银行光明市支行
金额	人民币（大写）	伍仟元整	亿千百十万千百十元角分		¥500000
此汇款已收入收款人账户。 经查该款项已于 2014 年 9 月作坏账损失处理。 （印章：中国工商银行光明市支行 2015年12月13日 转讫） 汇入行签章			支付密码		
			附加信息及用途： 偿还 2011 年 12 月所欠永春机械公司的货款。 复核：　记账： 年　月　日		

此联给收款人的收账通知

业务 34

无法支付应付款项确认单

2012 年 3 月入账的应付强冠公司的货款 10 000 元，经当地工商管理部门确认，该公司已于 1 年前破产倒闭。因此，该款项已无法支付，经公司董事会讨论决定，将该款项作为营业外收入处理。

财务经理：钱一凡

2015 年 12 月 13 日

会计主管：钱一凡　　制单：刘景明　　复核：高桂格

业务 34　文字说明及账务处理提示：

12 月 13 日，经确认应付强冠公司的货款 10 000 元无法支付，按规定转作营业外收入。

借：应付账款——强冠公司
　贷：营业外收入——债务收入　　　　转 9，附件 1 张

根据记账凭证登记“应付账款——强冠公司”明细账和“营业外收入”明细账的“债务收入”专栏。

业务 33　文字说明及账务处理提示：

12 月 13 日，银行转来电汇凭证（收账通知），收到上年已作为坏账损失处理的应收上海市诚信金属公司货款 5 000 元。

借：银行存款
　贷：坏账准备——应收账款　　　　收 9，附件 1 张

❶根据记账凭证登记“银行存款日记账”和“坏账准备——应收账款”明细账。❷特别说明：为了完整反映应收账款的整体情况，该业务也可以先将“应收账款”转回，借记“应收账款”账户，贷记“坏账准备——应收账款”账户，然后再借记“银行存款”账户，贷记“应收账款”账户；❸本书为了减少明细账的设置，不再通过“应收账款”账户予以反映。

业务 32　文字说明及账务处理提示：

12 月 13 日，经确认，应收光华公司的货款 55 000 元已无法收回，经报批确认为坏账损失。

借：坏账准备——应收账款
　贷：应收账款——光华公司　　　　转 8，附件 1 张

根据记账凭证登记“坏账准备——应收账款”明细账和“应收账款——光华公司”明细账。

业务 35 $\frac{1}{2}$

光明市永春机械公司 收料单

编号：1105

供货单位：光明市清流公司　　2015 年 12 月 15 日　　仓库：原料库

材料类别	材料编号	名称及规格	计量单位	数量		实际成本（元）			
				应收	实收	发票价格	采购费用	合计	单价
（略）	（略）	丙材料	千克		3 000	270 000		270 000	90.00

二 财务联

供销主管：莫发愁　　保管员：特认真　　记账：高桂格　　制单：艾志丹

业务 35 $\frac{2}{2}$

光明增值税专用发票

发票联

№ 15456860

3102157140　　开票日期：2015 年 12 月 15 日

购买方	名　　称：光明市永春机械公司 纳税人识别号：310040213456070 地 址 、电 话：光明市建设路 68 号，0513—98706543 开户行及账号：工商银行光明市支行 23004500670089	密码区	（略）

货物或应税劳务、服务名称	规格型号	单位	数量	单价	金额	税率	税额
丙材料		千克	3 000	90	270 000	17%	45 900
合　计					270 000		45 900
价税合计（大写）	⊗叁拾壹万伍仟玖佰元整				（小写）￥315 900.00		

货款未付

销售方	名　　称：光明市清流公司 纳税人识别号：310206315553200 地 址 、电 话：光明市奉化街 85 号，0513—78024662 开户行及账号：工商银行天明路办事处 382200790026	备注	已与对方商妥，货款下月支付。

光明市清流公司 310206315553200 发票专用章

第三联 发票联 购买方记账凭证

收款人：赵发光　　复核：　　开票人：李有财　　销售方：（章）

业务 36 $\frac{1}{2}$

光明市永春机械公司 产品入库单

仓库：成品库

交库单位：生产车间　　2015 年 12 月 15 日　　编号：2303

产品编号	规格	产品名称	计量单位	数量		单位成本	金额	备注
				送检	实收			
（略）	（略）	A 产品	台		300			完工入库

二 财务联

车间主管：高安全　　保管员：甄仔细　　记账：高桂格　　制单：严尧秋

业务 39　文字说明及账务处理提示：

12 月 15 日，向五方市天宏公司销售产品并开具增值税专用发票。上列：A 产品 100 台、单价 6 000 元、价款 600 000 元、增值税税额 102 000 元；B 产品 100 台、单价 4 000 元、价款 400 000 元、增值税税额 68 000 元。该货物已由天宏公司自提，收到天宏公司签发的期限为 5 个月、面值为 1 170 000 元的商业承兑汇票一张。

借：应收票据——天宏公司
　贷：主营业务收入——A 产品
　　　　　　　　——B 产品
　　应交税费——应交增值税（销项税额）　　　　转 13，附件 2 张

❶根据“产品出库单”登记“库存商品”明细账的“发出”栏数量后，将“产品出库单”妥善保管，在处理第 78 笔业务时要用；❷根据记账凭证登记“应收票据——天宏公司”明细账、“主营业务收入”明细账的有关专栏和“应交税费——应交增值税”明细账的“销项税额”专栏。

业务 40

ICBC 中国工商银行　电子缴税付款凭证

转账日期：2015 年 12 月 17 日　凭证字号：02567256

纳税人全称及纳税人识别号：光明市永春机械公司 310040213456070	
付款人全称：光明市永春机械公司	
付款人账号：23004500670089	征收机关名称：光明市国家税务局第三分局
付款人开户银行：工商银行光明市支行	收款国库（银行）名称：国家金库光明市支库
小写（合计）金额：¥700 000.00	缴款书交易流水号：31136512
大写（合计）金额：人民币柒拾万元整	税票号码：127159191070216812

税费种名称	所属时期	实缴金额
增值税	20151201—20151215	¥700 000.00
第一次打印	打印时间：20151217	

（印章：中国工商银行光明市支行 2015年12月17日 转讫）

第二联　作付款回单（无银行收讫章无效）　复核：亿鼎旺　记账：药景明

业务 41 $\frac{1}{5}$

固定资产处置清理单

编号：

2015 年 12 月 17 日

使用部门：			交接日期：		
名称及规格	HW52 型机床	生产厂家	东海市名苑机械厂	卡片号码	674321
开始使用时间		2009.07	大修理情况		
预计使用时间		10 年	修理次数	支付费用	
实际使用时间		7.5 年	（略）	（略）	
清理固定资产的情况					
原价	400 000.00	累计折旧额	300 000.00	已提减值准备	
开始清理时间	2015.12.17	完成清理时间		报废审批单号	

财务主管：钱一凡　制单：刘景明　复核：高桂格

业务 41 $\frac{2}{5}$

光明市春机械公司　现金报销凭单

2015 年 12 月 17 日

报销金额	人民币（大写）肆佰伍拾元整　¥450.00			
开支内容	支付固定资产报废清理费用			
部门盖章		负责人	经办人	实物保管、验收人
		上列支出项目经审核同意报销。 现金付讫 财务负责人：钱一凡		

附件单据　张

（印章：光明市永春机械公司 办公室）

制单：刘景明　复核：高桂格　出纳：富友立

业务 41—2：12 月 17 日，车间主任报销聘用民工王清理支付的清理费用，付现金 450 元。

借：固定资产清理——HW52 型机床清理
　贷：库存现金
付 20，附件 1 张

根据记账凭证（付 20）登记“固定资产清理——HW52 型机床清理”明细账和“库存现金日记账”。

业务 41　文字说明及账务处理提示：

业务 41—1：12 月 17 日，永春机械公司的 2 台 HW52 型机床提前报废转入清理。“固定资产”明细账中记录的该设备原值为 400 000 元，已提折旧为 300 000 元。

借：固定资产清理——HW52 型机床清理
　　累计折旧
　贷：固定资产——生产用固定资产
转 14，附件 1 张

根据记账凭证（转 14）登记“固定资产清理——HW52 型机床清理”明细账和“固定资产——生产用固定资产”明细账。

业务 40　文字说明及账务处理提示：

12 月 17 日，通过中国工商银行电子缴税付款平台预交本月 1—15 日应交增值税 700 000 元。

借：应交税费——应交增值税（已交税金）
　贷：银行存款
付 19，附件 1 张

根据记账凭证登记“应交税费——应交增值税”明细账的“已交税金”专栏和“银行存款日记账”。

业务 41 $\frac{3}{5}$

ICBC 中国工商银行 进账单 （收账通知） 3

2015 年 12 月 17 日

出票人	全称	光明市通达机床修理厂	收款人	全称	光明市永春机械公司
	账号	2205860048369		账号	23004500670089
	开户银行	建设银行光明市分行		开户银行	工商银行光明市支行
金额	人民币（大写）	贰万叁仟肆佰元整		亿千百十万千百十元角分	¥2340000
票据种类	转账支票	票据张数	1		
票据号码	15025486				
	复核	记账		收款人开户银行签章	

中国工商银行光明市支行 2015年12月17日 转讫

此联是收款人开户银行交给收款人的收账通知

业务 41 $\frac{4}{5}$

光明增值税专用发票

No 15452158

记账联

全国统一发票监制章 光明 国家税务总局监制

3102157140　　开票日期：2015 年 12 月 17 日

购买方	名　　称：光明市通达机床修理厂 纳税人识别号：620320314956840 地址、电话：光明市新建路 36 号，0513—39670012 开户行及账号：建设银行光明市分行 2205860048369			密码区	（略）		
货物或应税劳务、服务名称	规格型号	单位	数量	单价	金额	税率	税额
HW52 型机床废品		台	2	10 000	20 000	17%	3 400
合计					20 000		3 400
价税合计（大写）	⊗贰万叁仟肆佰元整				（小写）¥23 400.00		
销售方	名　　称：光明市永春机械公司 纳税人识别号：310040213456070 地址、电话：光明市建设路 68 号，0513—98706543 开户行及账号：工商银行光明市支行 23004500670089			备注			

第一联 记账联 销售方记账凭证

收款人：王进勇　　复核：　　开票人：刘富民　　销售方：（章）

业务 41 $\frac{5}{5}$

固定资产处置清理损益计算单

2015 年 12 月 17 日

清理项目	HW52 型机床	清理原因	提前报废
固定资产清理借方发生额		固定资产清理贷方发生额	
清理支出内容	金额	清理收入内容	金额
固定资产净值	100 000.00	出售固定资产废料款	20 000.00
清理费用	450.00		
借方合计	100 450.00	贷方合计	20 000.00
固定资产清理净损失金额：人民币捌万零肆佰伍拾元整			¥80 450.00

财务主管：钱一凡　　制单：刘景明　　复核：高桂格

业务 41—4：12 月 17 日，计算并结转清理净损失 80 450 元。

借：营业外支出——处置固定资产损失
　贷：固定资产清理——HW52 型机床清理　　　　转 15，附件 1 张

根据记账凭证（转 15）登记“营业外支出——处置固定资产损失”明细账和“固定资产清理——HW52型机床清理”明细账。

业务 41—3：12 月 17 日，将废料出售给光明市通达机床修理厂，价款 20 000 元，增值税税额 3 400 元，通过银行收到款项 23 400 元。

借：银行存款
　贷：固定资产清理——HW52 型机床清理　　　　收 10，附件 2 张
　　　应交税费——应交增值税（销项税额）

根据记账凭证（收 10）登记“银行存款日记账”、“固定资产清理——HW52 型机床清理”明细账和“应交税费——应交增值税”明细账的“销项税额”专栏。

业务 42 $\frac{1}{2}$

光明市永春机械公司　产品出库单

仓库：成品库

购货单位：光明市通宝公司　　2015 年 12 月 17 日　　编号：2407

产品编号	规格	产品名称	计量单位	数量 应发	数量 实发	单位成本	金额	备注
（略）	（略）	A 产品	台		100			对外销售
		B 产品	台		50			

二 财务联

供销主管：莫发愁　　保管员：甄仔细　　记账：高桂格　　制单：严尧秋

业务 42 $\frac{2}{2}$

光明增值税专用发票

记账联

№ 15452159

3102157140　　开票日期：2015 年 12 月 17 日

购买方	名　　称：光明市通宝公司 纳税人识别号：310320314954649 地 址 、电 话：光明市东方路 72 号，0513—28670066 开户行及账号：建设银行光明市分行 9805101048120	密码区：（略）

货物或应税劳务、服务名称	规格型号	单位	数量	单价	金额	税率	税额
A 产品		台	100	6 000	600 000	17%	102 000
B 产品		台	50	4 000	200 000	17%	34 000
合　计					800 000		136 000
价税合计（大写）	⊗玖拾叁万陆仟元整				（小写）￥936 000.00		

冲销预收账款

销售方	名　　称：光明市永春机械公司 纳税人识别号：310040213456070 地 址 、电 话：光明市建设路 68 号，0513—98706543 开户行及账号：工商银行光明市支行 23004500670089	备注：**冲销前已预收货款。**

第一联 记账联 销售方记账凭证

收款人：王进勇　　复核：　　开票人：刘富民　　销售方：（章）

业务 43

中国工商银行　转账支票存根

支票号码 15203136

附加信息

出票日期 2015 年 12 月 17 日

收款人：	光明市鸿运公司
金　额：	300 000.00
用　途：	偿还前欠货款

单位主管：李永春　　会计：高桂格

业务 43　文字说明及账务处理提示：

12 月 17 日，通过银行偿还前欠鸿运公司的货款 300 000 元。

借：应付账款——鸿运公司
　贷：银行存款
付 21，附件 1 张

根据记账凭证登记“应付账款——鸿运公司”明细账和“银行存款日记账”。

业务 42　文字说明及账务处理提示：

12 月 17 日，发出前已预收光明市通宝公司货款的产品并开具增值税专用发票。发票中注明：A 产品 100 台、单价 6 000 元、价款 600 000 元、增值税税额 102 000 元；B 产品 50 台、单价 4 000 元、价款 200 000 元、增值税税额 34 000 元。冲销前已预收的货款。

借：预收账款——通宝公司
　贷：主营业务收入——A 产品
　　　　　　　　——B 产品
　　应交税费——应交增值税（销项税额）
转 16，附件 1 张

❶根据“产品出库单”登记“库存商品”明细账的“发出”栏数量后，将“产品出库单”妥善保管，在处理第 78 笔业务时要用；❷根据记账凭证登记“预收账款——通宝公司”明细账、“主营业务收入”明细账的有关专栏和“应交税费——应交增值税”明细账的“销项税额”专栏。

业务 44 $\frac{1}{4}$

固定资产处置清理单

编号：

2015 年 12 月 19 日

使用部门：		交接日期：			
名称及规格	XM58 型车床	生产厂家	东海市名苑机械厂	卡片号码	674324
开始使用时间		2012.08	大修理情况		
预计使用时间		10 年	修理次数	支付费用	
实际使用时间		3 年零 4 个月	（略）	略	
清理固定资产的情况					
原价	500 000.00	累计折旧额	160 000.00	已提减值准备	
开始清理时间	2015.12.19	完成清理时间		报废审批单号	

财务主管：钱一凡　　制单：刘景明　　复核：高桂格

业务 44 $\frac{2}{4}$

光明增值税专用发票

№ 15452160

3102157140　　记账联　　开票日期：2015 年 12 月 19 日

购买方	名　　称：光明市宏源机械修理厂 纳税人识别号：310420318256155 地 址 、电 话：光明市宏源路 30 号，0513—39120012 开户行及账号：建设银行光明市分行 2205760048009			密码区	（略）		
货物或应税劳务、服务名称	规格型号	单　位	数　量	单　价	金　额	税　率	税　额
车床	XM58 型	台	5	76 000	380 000	17%	64 600
合　计					380 000		64 600
价税合计（大写）	⊗肆拾肆万肆仟陆佰元整				（小写）￥444 600.00		
销售方	名　　称：光明市永春机械公司 纳税人识别号：310040213456070 地 址 、电 话：光明市建设路 68 号，0513—98706543 开户行及账号：工商银行光明市支行 23004500670089			备注			

第一联 记账联 销售方记账凭证

收款人：王进勇　　复核：　　开票人：刘富民　　销售方：（章）

业务 44 $\frac{3}{4}$

ICBC 中国工商银行 进账单 （收账通知） 3

2015 年 12 月 19 日

出票人	全　称	光明市宏源机械修理厂	收款人	全　称	光明市永春机械公司
	账　号	2205760048009		账　号	23004500670089
	开户银行	建设银行光明市分行		开户银行	工商银行光明市支行
金额	人民币（大写）	肆拾肆万肆仟陆佰元整		亿千百十万千百十元角分	￥44460000
票据种类	转账支票	票据张数	1		
票据号码	15085732				
	复核　　记账			收款人开户银行签章	

中国工商银行光明市支行 2015年12月19日 转讫

此联是收款人开户银行交给收款人的收账通知

业务 44—2：12 月 19 日，将该固定资产出售给本市宏源机械修理厂并开具增值税专用发票，价款 380 000 元，增值税税额 64 600 元，通过银行收到款项 444 600 元。

借：银行存款
　贷：固定资产清理——XM58 型车床清理　　　　收 11，附件 2 张
　　应交税费——应交增值税（销项税额）

根据记账凭证（收 11）登记“银行存款日记账”、“固定资产清理——XM58 型车床清理”明细账和“应交税费——应交增值税”明细账的“销项税额”专栏。

业务 44　文字说明及账务处理提示：

业务 44—1：12 月 19 日，永春机械公司处置变卖的 5 台 XM58 型车床转入清理。该设备已使用 3 年零 4 个月，“固定资产”明细账中记录的该设备原值为 500 000 元，净残值率为 4%，已提折旧为 160 000 元。

借：固定资产清理——XM58 型车床清理
　累计折旧　　　　转 17，附件 1 张
　贷：固定资产——生产用固定资产

根据记账凭证（转 17）登记“固定资产清理——XM58 型车床清理”明细账和“固定资产——生产用固定资产”明细账。

业务 44 $\frac{4}{4}$

固定资产处置清理损益计算单

2015 年 12 月 19 日

清理项目	XM58 型车床	清理原因	处置变卖
固定资产清理借方发生额		固定资产清理贷方发生额	
清理支出内容	金额	清理收入内容	金额
固定资产净值	340 000.00	出售固定资产价款	380 000.00
清理费用			
借方合计	340 000.00	贷方合计	380 000.00
固定资产清理净收益金额：人民币肆万元整			¥40 000.00

财务主管：钱一凡　　制单：刘景明　　复核：高桂格

业务 45 $\frac{1}{2}$

宝源增值税专用发票

发票联

№ 15452132

4302155140

开票日期：2015 年 12 月 19 日

购买方	名　　称：光明市永春机械公司 纳税人识别号：310040213456070 地 址 、电 话：光明市建设路 68 号，0513—98706543 开户行及账号：工商银行光明市支行 23004500670089			密码区	（略）		
货物或应税劳务、服务名称	规格型号	单　位	数　量	单　价	金　额	税　率	税　额
甲材料		千克	6 000	100	600 000	17%	102 000
合　计					600 000		102 000
价税合计（大写）	⊗柒拾万零贰仟元整				（小写）¥702 000.00		
销售方	名　　称：宝源市远程公司 纳税人识别号：420206316454856 地 址 、电 话：宝源市北京路 136 号，0570—45608942 开户行及账号：工商银行天明路办事处 382246790025			备注	冲销前已预付的款项。		

冲销预付账款

收款人：黄锦溪　　复核：　　开票人：孙大光　　销售方：（章）

第三联 发票联 购买方记账凭证

业务 45 $\frac{2}{2}$

光明市永春机械公司　收料单

编号：1107

供货单位：宝源市远程公司　　2015 年 12 月 19 日　　仓库：原料库

材料类别	材料编号	名称及规格	计量单位	数量		实际成本（元）			
				应收	实收	发票价格	采购费用	合计	单价
（略）	（略）	甲材料	千克		6 000	600 000		600 000	100.00
合计									

二 财务联

供销主管：莫发愁　　保管员：特认真　　记账：高桂格　　制单：艾志丹

业务 45　文字说明及账务处理提示：

12 月 19 日，12 月 16 日从宝源市远程公司通过预付货款的方式购入的甲材料验收入库，合同规定运费由对方负担。收到对方开具的增值税专用发票，注明数量 6 000 千克、单价 100 元，价款 600 000 元、增值税税额 102 000 元。冲销预付账款。

借：原材料——甲材料
　　应交税费——应交增值税（进项税额）　　转 19，附件 3 张
　贷：预付账款——远程公司

❶根据“收料单”登记“原材料——甲材料”明细账的“收入”栏，包括数量、单价、金额；❷根据记账凭证登记“应交税费——应交增值税”明细账的“进项税额”专栏和“预付账款——远程公司”明细账。

业务 44—3：12 月 19 日，计算并结转清理净收益 40 000 元。

借：固定资产清理——XM58 型车床清理
　贷：营业外收入——处置固定资产利得　　转 18，附件 1 张

根据记账凭证（转 18）登记“固定资产清理——XM58 型车床清理”明细账和“营业外收入——处置固定资产利得”明细账。

业务 46

ICBC 中国工商银行　托收凭证（收账通知）　4　№

委托日期 2015 年 12 月 16 日　　付款期限 2015 年 12 月 19 日

业务类型	委托收款（☑邮划、□电划）　托收承付（□邮划、□电划）				
付款人	全称	五方市天宏公司	收款人	全称	光明市永春机械公司
	账号	6805660048120		账号	23004500670089
	地址	省五方市/县　开户行　工行五方市分行		地址	省光明市/县　开户行　工行光明支行
金额	人民币（大写）伍拾柒万元整			亿 千 百 十 万 千 百 十 元 角 分	¥ 5 7 0 0 0 0 0 0
款项内容	货款	托收凭据名称	商业承兑汇票	附寄单证张数	1
商品发运情况		合同名称号码			
备注：该商业承兑汇票到期日为 2015 年 12 月 19 日。复核　记账	上列款项已划回收入你方账户内。收款人开户银行签章 2015 年 12 月 19 日				

此联付款人开户行凭以汇款或收款人开户银行作收账通知

（印章：中国工商银行光明市支行 2015年12月19日 转讫）

实操三　12 月 21—31 日会计交易或事项的处理

一、操作流程与具体要求

根据会计模拟实验的组织方法并结合会计岗位设置及职责，本实操应按如下流程和要求进行：

（1）**审核会计交易或事项（原始凭证）。**审核员（会计主管）接到外来或自制的原始凭证后：❶对其进行合法性、合规性、合理性审核并签署审核意见；❷将审核无误的原始凭证按照业务顺序撕成条状传递给制单会计。

（2）**编制记账凭证。**制单会计对经审核员（会计主管）审核无误的原始凭证：❶在空白记账凭证上编制会计分录并在记账凭证的“制单”处签名或盖章；❷将原始凭证粘贴在已填制完成的记账凭证后面并将其传递给审核员（会计主管）。**提示：**21—31 日会计事项需要编制收款凭证 5 张、付款凭证 16 张、转账凭证 6 张。

（3）**登记日记账。**出纳员接到审核员（会计主管）审核无误的收款凭证和付款凭证后：❶根据记账凭证逐日、逐笔登记库存现金日记账和银行存款日记账；❷在每一日最后一笔收付款业务登记完毕后，按日对日记账进行本日合计并结出余额。

（4）**登记明细账。**根据审核无误的记账凭证和有关原始凭证：❶记账会计登记有关明细账（包括根据“领料单”登记“原材料”明细账）；❷出纳员根据原始凭证中的“产品入库单”和“产品出库单”登记“库存商品”明细账的“收入”栏数量和“发出”栏数量并结出“结存”栏数量。

（5）**编制“科目汇总表”。**当每一旬的会计交易或事项填制完记账凭证后，主管会计应对本旬会计交易或事项所填制的记账凭证进行汇总编制“科目汇总表”。

（6）**登记总账。**记账会计根据“科目汇总表”登记总账，并在总账栏打钩。

二、12 月 21—31 日的会计交易或事项（原始凭证）

12 月 21—31 日发生的会计交易或事项，见业务 47—业务 71 所给出的原始凭证。

业务 46　文字说明及账务处理提示：

12 月 19 日，银行通知本企业托收的应收五方市天宏公司票据款 570 000 元收讫。托收日期为 12 月 16 日，到期日为 12 月 19 日。

借：银行存款

　贷：应收票据——天宏公司　　　　收 12，附件 1 张

根据记账凭证登记“银行存款日记账”和“应收票据——天宏公司”明细账。

业务 47 $\frac{1}{2}$

光明增值税专用发票

№ 15459861

3102157140

全国统一发票监制章 发票联 光明 国家税务总局监制

开票日期：2015 年 12 月 21 日

购买方	名　　称：光明市永春机械公司 纳税人识别号：310040213456070 地 址 、电 话：光明市建设路 68 号，0513—98706543 开户行及账号：工商银行光明市支行 23004500670089				密码区	（略）		第三联
货物或应税劳务、服务名称	规格型号	单 位	数 量	单 价	金 额	税 率	税 额	发票联
水费		M³	4 000	5.00	20 000	13%	2 600	购买方记账凭证
合　计					20 000		2 600	
价税合计（大写）	⊗贰万贰仟陆佰元整					（小写）	¥22 600.00	
销售方	名　　称：光明市自来水公司 纳税人识别号：310606352223201 地 址 、电 话：光明市临港路 185 号，0513—98024626 开户行及账号：工商银行临港办事处 384567790026				备注	光明市自来水公司 310606352223201 发票专用章		

收款人：吴梅花　　复核：　　开票人：商永康　　销售方：（章）

业务 47 $\frac{2}{2}$

ICBC 中国工商银行　特约托收凭证（付款通知）　5　№

委托日期 2015 年 12 月 21 日　　付款期限　年　月　日

业务类型	委托收款（□邮划、☑电划）		托收承付（□邮划、□电划）				此联付款人开户银行给付款人按期付款通知
付款人 全称	光明市永春机械公司		收款人 全称	光明市自来水公司			
账号	23004500670089		账号	384567790026			
地址	省光明市/县　开户行　工行光明支行		地址	省光明市/县　开户行　工行临港办			
金额	人民币（大写）贰万贰仟陆佰元整			亿 千 百 十 万 千 百 十 元 角 分 ¥ 2 2 6 0 0 0 0			
款项内容	水费	托收凭据名称	增值税专用发票	附寄单证张数	1		
商品发运情况			合同名称号码				
备注： 付款人开户银行收到日期： 2015 年 12 月 21 日 复核　记账	付款人开户银行签章 2015 年 12 月 21 日		付款人注意： 1. 根据支付结算办法，上列委托收款（托收承付）款项在付款期限内未提出拒付，即视为同意付款，以此代付款通知。 2. 如需提出全部或部分拒付，应在规定期限内，将拒付理由书并附债务证明退交开户银行。				

中国工商银行光明市支行 2015年12月21日 转讫

业务 48

中国工商银行光明支行计收利息（付款通知）

2015 年 12 月 21 日　　借据号 9821201228011501

客户号 3001356088		结算账号 23004500670089			客户联
单位名称：光明市永春机械公司					
计算起讫日期 2015 年 9 月 21 日至 2015 年 12 月 30 日					
正常本金/积数	288 000 000.00	利率：0.7%/月	利息	67 200.00	
逾期本金/积数		利率	利息		
欠息/积数		利率	利息		
币种	人民币	利息总金额		67 200.00	

中国工商银行光明市支行 2015年12月21日 转讫

银行盖章：

业务 48　文字说明及账务处理提示：

12 月 21 日，银行通知本季度企业应付利息 67 200 元并直接扣款。

借：应付利息——工行光支
　贷：银行存款　　　　　　　　　　付 23，附件 1 张

根据记账凭证登记“应付利息——工行光支”明细账和“银行存款日记账”。

特别说明：利息积数即累计利息积数，是指每日余额的累计数。利息积数乘以日利率即为应付利息。应付利息＝288 000 000×（0.7%÷30）＝67 200（元）。

业务 47－2：❶根据记账凭证登记“其他应付款——自来水公司”明细账、“应交税费——应交增值税”明细账的“销项税额”专栏和“银行存款日记账”。❷**特别说明：**水费的结算一般是在每月的 21 日（结算期间为上月 21 日—本月 20 日），由于各月自来水耗用的不均衡且企业是按月统计自来水耗用量，这样自来水公司要求结算水费的自来水耗用量与企业计入成本费用的自来水耗用量必然会产生差异。为了不影响各月成本费用计算的准确性，对自来水公司结算的水费通过虚设“其他应付款”账户进行过渡，借记“其他应付款——自来水公司”账户，贷记“银行存款”账户；月末根据企业统计的自来水耗用量分配水费时，借记有关成本费用账户，贷记“其他应付款——自来水公司”账户。如果各月自来水耗用基本均衡，也可以不虚设“其他应付款”账户进行过渡，而是直接根据自来水公司结算的水费分配计入各月的成本费用。

业务 47　文字说明及账务处理提示：

业务 47－1：12 月 21 日，银行通知自来水公司托收的水费已付。转来自来水公司开具的增值税专用发票（价款 20 000 元，增值税税额 2 600 元）及“特约托收凭证（付款通知）”，列明托收金额为 22 600 元。

借：其他应付款——自来水公司
　　应交税费——应交增值税（进项税额）　　　　付 22，附件 2 张
　贷：银行存款

业务 49

中国工商银行光明支行计收利息（收账通知）

2015 年 12 月 21 日

客户号 3001356088		结算账号 23004500670089		
单位名称：光明市永春机械公司				
计算起讫日期 2015 年 9 月 21 日至 2015 年 12 月 20 日				
正常本金/积数	495 000 000.00	利率：1.8%/年	利息	24 750.00
逾期本金/积数		利率	利息	
欠息/积数		利率	利息	
币种	人民币	利息总金额		24 750.00

客户联

银行盖章：

中国工商银行光明市支行 2015年12月21日 转讫

业务 50 $\frac{1}{2}$

ICBC 中国工商银行　特约托收凭证（付款通知）

5　№

委托日期 2015 年 12 月 21 日　　付款期限　年　月　日

业务类型	委托收款（☐邮划、☑电划）			托收承付（☐邮划、☐电划）			
付款人	全称	光明市永春机械公司		收款人	全称	光明市供电公司	
	账号	23004500670089			账号	23003048790125	
	地址	省光明市县	开户行 工行光明支行		地址	省光明市县	开户行 工行南大办
金额	人民币（大写）	贰拾柒万捌仟肆佰陆拾元整		亿千百十万千百十元角分	¥ 2 7 8 4 6 0 0 0		
款项内容	电费	托收凭据名称	增值税专用发票	附寄单证张数	1		
商品发运情况				合同名称号码			
备注： 付款人开户银行收到日期：2015 年 12 月 21 日 复核　记账		付款人开户银行签章 2015 年 12 月 21 日		付款人注意： 1. 根据支付结算办法，上列委托收款（托收承付）款项在付款期限内未提出拒付，即视为同意付款，以此代付款通知。 2. 如需提出全部或部分拒付，应在规定期限内，将拒付理由书并附债务证明退交开户银行。			

此联付款人开户银行给付款人按期付款通知

中国工商银行光明市支行 2015年12月21日 转讫

业务 50 $\frac{2}{2}$

光明增值税专用发票

发票联

NO15459063

3102157140　　开票日期：2015 年 12 月 21 日

购买方	名称：光明市永春机械公司 纳税人识别号：310040213456070 地址、电话：光明市建设路 68 号，0513—98706543 开户行及账号：工商银行光明市支行 23004500670089			密码区	（略）		
货物或应税劳务、服务名称	规格型号	单位	数量	单价	金额	税率	税额
电费		度	297 500	0.80	238 000	17%	40 460
合计					238 000		40 460
价税合计（大写）	⊗贰拾柒万捌仟肆佰陆拾元整				（小写）¥278 460.00		
销售方	名称：光明市供电公司 纳税人识别号：310506352224829 地址、电话：光明市虹桥路 285 号，0513—66024626 开户行及账号：工商银行南大办事处 23003048790125			备注	光明市供电公司 310506352224829 发票专用章		

第三联　发票联　购买方记账凭证

收款人：吴伟宏　　复核：　　开票人：张定国　　销售方：（章）

业务 50—2：❶根据记账凭证登记“其他应付款——供电公司”明细账、“应交税费——应交增值税”明细账的“进项税额”专栏和“银行存款日记账”。❷**特别说明**：电费的结算一般是在每月的 21 日（结算期间为上月 21 日—本月 20 日），由于各月耗电量不均衡，且企业是按月统计耗电量，这样供电公司要求结算电费的耗电量与企业计入成本费用的耗电量必然会产生差异。为了不影响各月成本费用计算的准确性，对供电公司结算的电费通过虚设“其他应付款”账户进行过渡，借记“其他应付款——供电公司”账户，贷记“银行存款”账户；月末根据企业统计的耗电量分配电费时，借记有关成本费用账户，贷记“其他应付款——供电公司”账户。如果，各月耗电量基本均衡，也可以不虚设“其他应付款”账户进行过渡，而是直接根据供电公司结算的电费分配计入各月的成本费用。

业务 50　文字说明及账务处理提示：

业务 50—1：12 月 21 日，银行转来光明市供电公司托收电费的特约托收凭证（付款通知）和增值税专用发票，价款 238 000 元，增值税税额 40 460 元。

借：其他应付款——供电公司
　　应交税费——应交增值税（进项税额）　　付 24，附件 2 张
　贷：银行存款

业务 49　文字说明及账务处理提示：

12 月 21 日，银行通知本季度企业活期存款利息收入 24 750 元并直接付款。

借：银行存款
　贷：财务费用——利息费　　收 13，附件 1 张

❶根据记账凭证登记“银行存款日记账”和“财务费用”明细账的“利息费”专栏；❷特别说明：存款利息收入，本质上是一种收入或收益，本应设置“利息收入”账户进行反映，但鉴于企业的活期存款利息收入金额一般较小，为简化核算，将活期存款利息收入作为财务费用的减项来处理。利息收入＝积数×日利率＝495 000 000×（1.8%÷360）＝24 750（元）。

业务 51 $\frac{1}{4}$

光明市永春机械公司 产品出库单

仓库：成品库

购货单位：大理市金花公司　　2015 年 12 月 21 日　　编号：2408

产品编号	规格	产品名称	计量单位	数量		单位成本	金额	备注
				应发	实发			
（略）	（略）	A 产品	台		200			对外销售
（略）	（略）	B 产品	台		300			

二 财务联

供销主管：莫发愁　　保管员：甄仔细　　记账：高桂格　　制单：严尧秋

业务 51 $\frac{2}{4}$

光明增值税专用发票

记账联

№ 15452161

3102157140　　开票日期：2015 年 12 月 21 日

购买方	名　　称：大理市金花公司 纳税人识别号：630320314953538 地 址 、电 话：大理市航空路 172 号，0872—2107466 开户行及账号：工商银行大理市分行 2805000048258			密码区	（略）		
货物或应税劳务、服务名称	规格型号	单　位	数　量	单　价	金　额	税　率	税　额
A 产品		台	200	6 000	1 200 000	17%	204 000
B 产品		台	300	4 000	1 200 000	17%	204 000
合　计					2 400 000		408 000
价税合计（大写）	⊗贰佰捌拾万捌仟元整				（小写）￥2 808 000.00		
销售方	名　　称：光明市永春机械公司 纳税人识别号：310040213456070 地 址 、电 话：光明市建设路 68 号，0513—98706543 开户行及账号：工商银行光明市支行 23004500670089			备注	已经办妥银行托收手续。		

第一联 记账联 销售方记账凭证

收款人：王进勇　　复核：　　开票人：刘富民　　销售方：（章）

业务 51 $\frac{3}{4}$

中国工商银行 转账支票存根

支票号码 15203137

附加信息

出票日期 2015 年 12 月 21 日

收款人：	光明市前进物流公司
金　额：	8 500.00
用　途：	支付代垫运杂费（金花公司）

单位主管：李永春　　会计：高桂格

业务 51－2：❶根据“产品出库单”登记“库存商品”明细账的“发出”栏数量后，将“产品出库单”妥善保管，在处理第 78 笔业务时要用；❷根据记账凭证（转 20）登记“应收账款——金花公司”明细账、“主营业务收入”明细账的有关专栏（A 产品、B 产品）和“应交税费——应交增值税”明细账的“销项税额”专栏；❸根据记账凭证（付 25）登记“应收账款——金花公司”明细账和“银行存款日记账”。

业务 51　文字说明及账务处理提示：

业务 51－1：12 月 21 日，❶向大理市金花公司销售下列产品：A 产品 200 台、单价 6 000 元、价款 1 200 000 元、增值税税额 204 000 元；B 产品 300 台、单价 4 000 元、价款 1 200 000 元、增值税税额 204 000 元。❷同时委托光明市前进物流公司运输，用银行存款支付代垫运杂费 8 500 元。❸货已发出，款项已办妥银行托收手续。

借：应收账款——金花公司
　贷：主营业务收入——A 产品
　　　　　　　　——B 产品
　　应交税费——应交增值税（销项税额）
转 20，附件 1 张

借：应收账款——金花公司
　贷：银行存款
付 25，附件 1 张

业务 52 $\frac{1}{3}$

光明市永春机械公司 领料单

编号：1207

领料单位：生产车间　　2015 年 12 月 23 日　　仓库：原料库

材料类别	材料编号	名称及规格	计量单位	数量		单价	金额	领料用途
				请领	实发			
（略）	（略）	甲材料	千克		3 540			生产 A 产品
（略）	（略）	乙材料	千克		1 500			
（略）	（略）	丙材料	千克		1 000			

二 财务联

车间主管：高安全　保管员：特认真　记账：高桂格　制单：艾志丹

业务 51 $\frac{4}{4}$

ICBC 中国工商银行 托收凭证（受理回单） 1 No

委托日期 2015 年 12 月 21 日

业务类型	委托收款（☑邮划、☐电划）　托收承付（☐邮划、☐电划）				
付款人 全称	大理市金花公司		收款人 全称	光明市永春机械公司	
付款人 账号	2805000048258		收款人 账号	23004500670089	
付款人 地址	省大理市/县	开户行：建行大理分行	收款人 地址	省光明市/县	开户行：工行光明支行
金额 人民币（大写）	贰佰捌拾壹万陆仟伍佰元整		亿 千 百 十 万 千 百 十 元 角 分	¥ 2 8 1 6 5 0 0 0 0	
款项内容	货款	托收凭据名称：商业承兑汇票	附寄单证张数	4	
商品发运情况			合同名称号码		
备注： 复核　记账	款项收妥日期 年　月　日		收款人开户银行签章 年　月　日		

此联作收款人开户银行给收款人的受理回单

中国工商银行光明市支行 2015年12月21日 受理

业务 52 $\frac{2}{3}$

光明市永春机械公司 领料单

编号：1208

领料单位：生产车间　　2015 年 12 月 23 日　　仓库：原料库

材料类别	材料编号	名称及规格	计量单位	数量		单价	金额	领料用途
				请领	实发			
（略）	（略）	甲材料	千克		1 480			生产 B 产品
（略）	（略）	乙材料	千克		3 000			

二 财务联

车间主管：高安全　保管员：特认真　记账：高桂格　制单：艾志丹

业务 52　文字说明及账务处理提示：

12 月 23 日，各车间部门领料，具体账务处理参见业务 29 的有关说明。

业务 52 $\frac{3}{3}$

光明市永春机械公司 领料单

编号：1209

领料单位：供销科　　　2015 年 12 月 23 日　　　仓库：原料库

材料类别	材料编号	名称及规格	计量单位	数量		单价	金额	领料用途
				请领	实发			
（略）	（略）	丙材料	千克		1 250			产品销售包装

二 财务联

车间主管：高安全　保管员：特认真　记账：高桂格　制单：艾志丹

业务 53 $\frac{1}{2}$

光明服务业、文化体育业统一发票

发票代码 **481001270251**

发票号码 12713945

开票日期 2015/12/23

付款单位（个人） 光明市永春机械公司		税控码 76853980728384027227 机打号码 12713905
经营项目	单价	数量	金额
体检费	1 000.00	120	120 000.00
合计金额（大写） 人民币壹拾贰万元整			¥120 000.00
收款单位 光明市人民医院 税务登记号 310020124806007		机器编号 258500047369 开户银行及账号 建设光明支行 460078926538003 税控装置打印发票 手写无效	

第一联 发票联

收款单位：盖章有效　　收款人：　　开票人：王友利

（印章：全国统一发票监制章 光明 国家税务总局监制；光明市人民医院 310020124806007 发票专用章）

业务 53 $\frac{2}{2}$

中国工商银行 转账支票存根

支票号码 15203138

附加信息

出票日期 2015 年 12 月 23 日

收款人：光明市人民医院
金　额：120 000.00
用　途：支付职工体检费

单位主管：李永春　会计：高桂格

业务 54 $\frac{1}{3}$

中国工商银行 现金支票存根

支票号码 15103020

附加信息

出票日期 2015 年 12 月 23 日

收款人：光明市永春机械公司
金　额：42 000.00
用　途：备付职工生活困难补助

单位主管：李永春　会计：高桂格

业务 53　文字说明及账务处理提示：

12 月 23 日，用银行存款支付光明市人民医院为本企业职工体检的体检费 120 000 元。

借：应付职工薪酬——福利费

　贷：银行存款　　　　付 26，附件 2 张

根据记账凭证（付 26）登记“应付职工薪酬——福利费”明细账和“银行存款日记账”。

业务 54 $\frac{2}{3}$

光明市永春机械公司　现金报销凭单

2015 年 12 月 23 日

报销金额	（大写）肆万贰仟元整　　¥42 000.00			
开支内容	支付职工生活困难补助			
部门盖章	光明市永春机械公司 工会委员会	负责人	经办人	实物保管、验收人
说明		上列支出项目经审核同意报销。现金付讫 财务负责人：钱凡		

附件单据 15 张

会计：高桂格　　出纳：富友立

业务 54 $\frac{3}{3}$

光明市永春机械公司　职工生活困难补助申请表

部门	材料库	姓名	劳有财	本人工资收入	3 500 元	家庭其他成员收入	1 200.00 元
补助原因	妻子病后休养在家，收入减少，而医药费、营养费等支出增加，造成家庭生活一时困难。					补助性质	临时补助
						申请金额	人民币：壹仟贰佰元整
部门意见	建议补助壹仟贰佰元整。 裘玉梅 2015 年 12 月 21 日	工会意见	同意。 张丽芳 2015 年 12 月 21 日		代收据	今收到 困难补助人民币：壹仟贰佰元整。 领款人：劳有财 2015 年 12 月 23 日	

（特别说明：职工生活困难补助申请单总计有 15 张，金额合计 42 000 元，本书为节约篇幅，只给出一张）

业务 55 $\frac{1}{2}$

货物运输业增值税专用发票

3103154230　　发票联　　№ 05456180

开票日期：2015 年 12 月 23 日

承运人及纳税人识别号	光明市顺风物流公司 310306382224857	密码区	38398307/800470<＊129348646 0109284/4/＋ ＊>6/1＊<>41－/66>9 3103154230>4/// 347/362＊8＊－>24055729－4 05456180551＊ 88670/>6/＋4＊45<6＋＝02/<	加密版本：01 5302154230 05456180
实际受票方及纳税人识别号	光明市永春机械公司 310040213456070			
收货人及纳税人识别号	大理市金花公司 630320314953538	发货人及纳税人识别号	光明市永春机械公司 310040213456070	
起运地、经由、到达地				
费用项目及金额	费用项目 运费　金额 150 000.00	货物运输信息		
合计金额	¥150 000.00　税率 11%　税额 ¥16 500.00	机器编号	368020543215	
价税合计（大写）	⊗ 壹拾陆万陆仟伍佰元整	（小写）¥166 500.00		
车种车号	车船吨位	备注	光明市顺风物流公司 310306382224857 发票专用章	
主管税务机关及代码	第二税务所 13103254320			

第三联　发票联　受票方记账凭证

收款人：潘秋霞　　复核人：赵鸿轩　　开票人：陈志文　　承运人：（章）

业务 55　文字说明及账务处理提示：

12 月 23 日，开出金额为 166 500 元的转账支票集中结算销售运输费。收到光明市顺风物流公司开出的“货物运输业增值税专用发票（发票联）”1 张，列明价款 150 000 元，增值税税额 16 500 元。

借：销售费用——运输费
　　应交税费——应交增值税（进项税额）　　付 29，附件 2 张
　贷：银行存款

根据记账凭证登记“销售费用”明细账的“运输费”专栏、“应交税费——应交增值税”明细账的“进项税额”专栏和“银行存款日记账”。

业务 54　文字说明及账务处理提示：

12 月 23 日，签发现金支票提取现金 42 000 元，同时，用现金发放职工生活困难补助 42 000元。

借：库存现金　　付 27，附件 1 张
　贷：银行存款

借：应付职工薪酬——福利费　　付 28，附件 1 张
　贷：库存现金

❶根据记账凭证（付 27）登记“库存现金日记账”和“银行存款日记账”；❷根据记账凭证（付 28）登记“应付职工薪酬——福利费”明细账和“库存现金日记账”。

业务 55 $\frac{2}{2}$

中国工商银行　转账支票存根

支票号码 15203139

附加信息

出票日期 2015 年 12 月 23 日

收款人：光明市顺风物流公司	
金　额：166 500.00	
用　途：支付销售运费	

（印章：光明市永春……财务专用章）

单位主管：李永春　　会计：高桂格

业务 56

ICBC 中国工商银行　信汇凭证（收账通知）

委托日期 2015 年 12 月 20 日

汇款人	全　称	大理市金花公司	收款人	全　称	光明市永春机械公司
	账　号	2805000048258		账　号	23004500670089
	汇出地点	省大理市/县		汇入地点	省光明市/县
汇出行名称		工商银行大理市分行	汇入行名称		工商银行光明市支行

金额	人民币（大写）	壹佰玖拾玖万玖仟元整	亿	千	百	十	万	千	百	十	元	角	分
				¥	1	9	9	9	0	0	0	0	0

此汇款已收入收款人账户。

（印章：中国工商银行光明市支行 2015年12月25日 转讫）

汇入行签章

支付密码

附加信息及用途：

收到大理市金花公司前欠购货款。

复核：　　记账：2015 年 12 月 25 日

此联汇出行给汇款人的收账通知

业务 57 $\frac{1}{2}$

光明市永春机械公司　产品入库单

仓库：成品库

编号：2305

交库单位：生产车间　　2015 年 12 月 25 日

产品编号	规格	产品名称	计量单位	数量		单位成本	总成本	备注
				送检	实收			
（略）	（略）	A 产品	台		200			完工入库

车间主管：高安全　　保管员：甄仔细　　记账：高桂格　　制单：严尧秋

业务 57　文字说明及账务处理提示：

12 月 25 日，车间产品完工入库。具体账务处理参见业务 36 的有关说明。

业务 56　文字说明及账务处理提示：

12 月 25 日，收到开户银行转来的中国工商银行信汇凭证（收账通知），该款项为大理市金花公司前欠货款 1 999 000 元。

借：银行存款
　贷：应收账款——金花公司　　　　收 14，附件 1 张

根据记账凭证登记“银行存款日记账”和“应收账款——金花公司”明细账。

业务 57 $\frac{2}{2}$

光明市永春机械公司 产品入库单

仓库：成品库

交库单位：生产车间　　2015 年 12 月 25 日　　编号：2306

产品编号	规格	产品名称	计量单位	数量		单位成本	总成本	备注
				送检	实收			
（略）	（略）	B 产品	台		200			完工入库

二 财务联

车间主管：高安全　　保管员：甄仔细　　记账：高桂格　　制单：严尧秋

业务 58 $\frac{1}{2}$

ICBC 中国工商银行 托收凭证（付款通知） 5 №

委托日期 2015 年 12 月 22 日　　付款期限 2015 年 12 月 25 日

业务类型	委托收款（☑邮划、□电划）		托收承付（□邮划、□电划）			
付款人 全称	光明市永春机械公司		收款人 全称	东海市望海公司		
付款人 账号	23004500670089		收款人 账号	400058223576000		
付款人 地址	省光明市/县	开户行 工行光明支行	收款人 地址	省东海市/县	开户行 建行迎泽支行	
金额	人民币（大写）伍拾壹万肆仟捌佰元整			亿 千 百 十 万 千 百 十 元 角 分	¥ 5 1 4 8 0 0 0 0	
款项内容	货款	托收凭据名称	增值税专用发票	附寄单证张数	1	
商品发运情况			合同名称号码			
备注： 付款人开户银行收到日期： 2015 年 12 月 24 日 复核　记账	付款人开户银行签章 2015 年 12 月 25 日		付款人注意： 1. 根据支付结算办法，上列委托收款（托收承付）款项在付款期限内未提出拒付，即视为同意付款，以此代付款通知。 2. 如需提出全部或部分拒付，应在规定期限内，将拒付理由书并附债务证明退交开户银行。			

此联付款人开户银行给付款人按期付款通知

（印章：中国工商银行光明市支行 2015年12月25日 转讫）

业务 58 $\frac{2}{2}$

东海增值税专用发票

发票联

№ 756800

5302159140　　开票日期：2015 年 12 月 25 日

购买方	名称：光明市永春机械公司 纳税人识别号：310040213456070 地址、电话：光明市建设路 68 号，0513—98706543 开户行及账号：工商银行光明市支行 23004500670089			密码区	（略）		
货物或应税劳务、服务名称	规格型号	单位	数量	单价	金额	税率	税额
甲材料		千克	4 400	100	440 000	17%	74 800
合计					440 000		74 800
价税合计（大写）	⊗伍拾壹万肆仟捌佰元整				（小写）¥514 800.00		
销售方	名称：东海市望海公司 纳税人识别号：530035918338380 地址、电话：东海市迎泽路 567 号，0678—89514716 开户行及账号：建设银行迎泽支行 400058223576000			备注	东海市望海公司 530035918338380 发票专用章		

材料在途

第三联 发票联 购买方记账凭证

收款人：李芳华　　复核：张红霞　　开票人：王天明　　销售方：（章）

业务 58　文字说明及账务处理提示：

12 月 25 日，收到 12 月 22 日从东海市望海公司购进甲材料的增值税专用发票（发票联），列明数量 4 400 千克、单价 100 元、价款 440 000 元、增值税税额 74 800 元，合同规定运费由对方负担。同时，收到开户银行转来的“托收凭证（付款通知）”，列明托收金额 514 800 元，并已付讫，但材料尚在运输途中。

借：在途物资——望海公司
　　应交税费——应交增值税（进项税额）　　付 30，附件 2 张
　贷：银行存款

根据记账凭证（付 30）登记“在途物资——望海公司”明细账、“应交税费——应交增值税”明细账的“进项税额”专栏和“银行存款日记账”。

业务 59

差旅费报销单

报销日期：2015 年 12 月 25 日

姓名			单冠礼			出差事由		参加京东新产品展销会						
起程日期和地点			到达日期和地点			交通工具	车船费	出差补助		住宿费	其他费用		金额合计	单据8张
月	日	地点	月	日	地点			天	金额		摘要	金额		
12	10	光明	12	10	京东	飞机	1 200.00	6	1 300.00	900.00	交通费	100.00	3 500.00	
12	15	京东	12	15	光明	飞机	1 200.00						1 200.00	
合计							2 400.00		1 300.00	900.00		100.00	4 700.00	
预借金额	4 500.00	报销金额	肆仟柒佰元整			应退金额			应补金额	200.00				

现金付讫

负责人批示：钱一凡　　审核人签章：高桂格　　出差人签章：单冠礼　　出纳：富友立

业务 60 $\frac{1}{2}$

中国工商银行　现金支票存根

支票号码 15103021

附加信息

出票日期 2015 年 12 月 25 日

收款人：	光明市永春机械公司
金　额：	6 000.00
用　途：	提现备付出差借款

单位主管：李永春　　会计：高桂格

光明市永春……财务……

业务 60 $\frac{2}{2}$

借款单

2015 年 12 月 25 日

借款单位：办公室		
借款理由：参加会议。		
借款金额：人民币（大写）陆仟元整　现金付讫		￥：6 000.00
本部门负责人意见：同意。赵婉茹		借款人签字：鲍巩英
会计主管审批：同意。钱一凡	付款方式：现金	出纳：富友立

业务 60　文字说明及账务处理提示：

12 月 25 日，签发一张金额为 6 000 元的现金支票，现金支付职工鲍巩英出差借款 6 000 元。

借：库存现金
　贷：银行存款　　付 32，附件 1 张

借：其他应收款——鲍巩英
　贷：库存现金　　付 33，附件 1 张

❶根据记账凭证（付 32）登记“库存现金日记账”和“银行存款日记账”；❷根据记账凭证（付 33）登记“其他应收款——鲍巩英”明细账和“库存现金日记账”。

业务 59　文字说明及账务处理提示：

12 月 25 日，职工单冠礼出差归来，报销差旅费 4 700 元，扣除原借款 4 500 元外另补付现金 200 元。

借：管理费用——差旅费
　贷：其他应收款——单冠礼　　转 21，附件 1 张

借：管理费用——差旅费
　贷：库存现金　　付 31，附件 1 张

❶根据记账凭证（转 21）登记“管理费用”明细账的“差旅费”专栏和“其他应收款——单冠礼”明细账；❷根据记账凭证（付 31）登记“管理费用”明细账的“差旅费”专栏和“库存现金日记账”。

业务 61 $\frac{1}{2}$

光明市永春机械公司 产品出库单

仓库：成品库

购货单位：光明市通宝公司　　2015 年 12 月 27 日　　编号：2409

产品编号	规格	产品名称	计量单位	数量 应发	数量 实发	单位成本	金额	备注
（略）	（略）	A 产品	台		50			对外销售
（略）	（略）	B 产品	台		65			

二 财务联

供销主管：莫发愁　　保管员：甄仔细　　记账：高桂格　　制单：严尧秋

业务 61 $\frac{2}{2}$

光明增值税专用发票

记账联

№ 15452162

3102157140　　开票日期：2015 年 12 月 27 日

购买方	名称：光明市通宝公司 纳税人识别号：310320314954649 地址、电话：光明市东方路 72 号，0513—28670066 开户行及账号：建设银行光明市分行 9805101048120			密码区	（略）		
货物或应税劳务、服务名称	规格型号	单位	数量	单价	金额	税率	税额
A 产品		台	50	6 000	300 000	17%	51 000
B 产品		台	65	4 000	260 000	17%	44 200
合计					560 000		95 200
价税合计（大写）	⊗陆拾伍万伍仟贰佰元整				（小写）¥655 200.00		
销售方	名称：光明市永春机械公司 纳税人识别号：310040213456070 地址、电话：光明市建设路 68 号，0513—98706543 开户行及账号：工商银行光明市支行 23004500670089			备注	**冲销上月已预收货款。**		

冲销预收账款

第一联 记账联 销售方记账凭证

收款人：王进勇　　复核：　　开票人：刘富民　　销售方：（章）

业务 62 $\frac{1}{2}$

光明增值税专用发票

发票联

№ 15456869

3102157140　　开票日期：2015 年 12 月 27 日

购买方	名称：光明市永春机械公司 纳税人识别号：310040213456070 地址、电话：光明市建设路 68 号，0513—98706543 开户行及账号：工商银行光明市支行 23004500670089			密码区	（略）		
货物或应税劳务、服务名称	规格型号	单位	数量	单价	金额	税率	税额
丙材料		千克	2 000	90	180 000	17%	30 600
合计					180 000		30 600
价税合计（大写）	⊗贰拾壹万零陆佰元整				（小写）¥210 600.00		
销售方	名称：光明市清流公司 纳税人识别号：310206315553200 地址、电话：光明市奉化街 85 号，0513—78024662 开户行及账号：工商银行奉化街办事处 382200790026			备注	**货款 210 600 元与对方商妥于下月 27 日支付。**		

货款未付

光明市清流公司 310206315553200 发票专用章

第三联 发票联 购买方记账凭证

收款人：赵发光　　复核：　　开票人：李有财　　销售方：（章）

业务 62　文字说明及账务处理提示：

12 月 27 日，从本市清流公司购入的丙材料已验收入库，并收到增值税专用发票。发票中列明：数量 2 000 千克、单价 90 元、价款 180 000 元、增值税税额 30 600 元、价税合计 210 600 元。本公司承诺于下月 27 日支付相关款项。

借：原材料——丙材料
　　应交税费——应交增值税（进项税额）　　　　转 23，附件 2 张
　贷：应付账款——清流公司

❶根据“收料单”登记“原材料——丙材料”明细账的“收入”栏，包括数量、单价、金额；❷根据记账凭证登记“应交税费——应交增值税”明细账的“进项税额”专栏和“应付账款——清流公司”明细账。

业务 61　文字说明及账务处理提示：

12 月 27 日，发出前已预收光明市通宝公司货款的产品并开具增值税专用发票。发票中列明：A 产品 50 台、单价6 000元、价款 300 000 元、增值税税额 51 000 元；B 产品 65 台、单价 4 000 元、价款 260 000 元、增值税税额 44 200 元。冲销前已预收的货款。

借：预收账款——通宝公司
　贷：主营业务收入——A 产品
　　　　　　　　　——B 产品　　　　　　　　转 22，附件 1 张
　　　应交税费——应交增值税（销项税额）

❶根据“产品出库单”登记“库存商品”明细账的“发出”栏数量后，将“产品出库单”妥善保管，在处理第 78 笔业务时要用；❷根据记账凭证（转 22）登记“预收账款——通宝公司”明细账、“主营业务收入”明细账的有关专栏和“应交税费——应交增值税”明细账的“销项税额”专栏。

业务 62 $\frac{2}{2}$

光明市永春机械公司 收料单

编号：1108

供货单位：光明市清流公司　　2015 年 12 月 27 日　　仓库：原料库

材料类别	材料编号	名称及规格	计量单位	数量		实际成本（元）			
				应收	实收	发票价格	采购费用	合计	单价
（略）	（略）	丙材料	千克		2 000	180 000		180 000	90.00

二 财务联

供销主管：莫发愁　保管员：特认真　记账：高桂格　制单：艾志丹

业务 63 $\frac{1}{3}$

光明增值税普通发票

记账联

№ 15452103

3102155160　　开票日期：2015 年 12 月 27 日

全国统一发票监制章 光明 国家税务总局监制

购买方	名　称：孙立江 纳税人识别号： 地 址 、电 话： 开户行及账号：				密码区	（略）		
货物或应税劳务、服务名称	规格型号	单　位	数　量	单　价	金　额	税　率	税　额	
B 产品		台	5	4 000	20 000	17%	3 400	
合　计							3 400	
价税合计（大写）	⊗贰万叁仟肆佰元整					（小写）￥23 400.00		
销售方	名　称：光明市永春机械公司 纳税人识别号：310040213456070 地 址 、电 话：光明市建设路 68 号，0513—98706543 开户行及账号：工商银行光明市支行 23004500670089				备注			

现金收讫

第一联 记账联 销售方记账凭证

收款人：王进勇　复核：　开票人：刘富民　销售方：（章）

业务 63 $\frac{2}{3}$

ICBC 中国工商银行 现金缴款单

2015 年 12 月 27 日　　序号：

客户填写部分	收款人户名	光明市永春机械公司							
	收款人账号	23004500670089		收款人开户行		工行光明市支行			
	缴款人	张晓芳		款项来源		货款			
	币种（√） 人民币☑ 外币：	大写：贰万叁仟肆佰元整				亿千百十万千百十元角分 ￥2340000			
	券别	100 元	50 元	20 元	10 元	5 元	2 元	1 元	辅币（金额） 封包（金额）
	张数	200	60	10	20				
银行打印	上述款项已入账，请核对与银行打印信息一致。								

中国工商银行光明市支行 2015年12月27日 转讫

第二联 收款人入账通知（银行打印有效）

收款人：王大忠

业务 63－2：❶根据“产品出库单”登记“库存商品”明细账的“发出”栏数量后，将“产品出库单”妥善保管，在处理第 78 笔业务时要用；❷根据记账凭证（收 15）登记“库存现金日记账”、“主营业务收入”明细账的有关专栏和“应交税费——应交增值税”明细账的“销项税额”专栏；❸根据记账凭证（付 34）登记“银行存款日记账”和“库存现金日记账”。

业务 63　文字说明及账务处理提示：

业务 63－1：12 月 27 日，❶向孙立江销售 B 产品，开出增值税普通发票，上列数量 5 台、单价 4 000 元、价款 20 000 元、增值税税额 3 400 元。收到现金 23 400 元。❷同时，填写现金缴款单将现金 23 400 元送存银行。

借：库存现金
　贷：主营业务收入——B 产品　　　收 15，附件 1 张
　　应交税费——应交增值税（销项税额）

借：银行存款
　贷：库存现金　　　付 34，附件 1 张

业务 63 $\frac{3}{3}$

光明市永春机械公司 产品出库单

仓库：成品库

购货单位：孙立江　　2015 年 12 月 27 日　　编号：2410

产品编号	规格	产品名称	计量单位	数量		单位成本	金额	备注
				应发	实发			
（略）	（略）	B 产品	台		5			对外销售

二 财务联

供销主管：莫发愁　　保管员：甄仔细　　记账：高桂格　　制单：严尧秋

业务 64 $\frac{1}{2}$

东海增值税专用发票

发票联

№ 15456178

5302159140　　开票日期：2015 年 12 月 25 日

购买方	名　　称：光明市永春机械公司 纳税人识别号：310040213456070 地 址 、电 话：光明市建设路 68 号，0513—98706543 开户行及账号：工商银行光明市支行 23004500670089				密码区	（略）	
货物或应税劳务、服务名称	规格型号	单　位	数　量	单　价	金　额	税　率	税　额
甲材料	冲销预付账款	千克	2 000	100	200 000	17%	34 000
合　计					200 000		34 000
价税合计（大写）	⊗贰拾叁万肆仟元整				（小写）￥234 000.00		
销售方	名　　称：东海市星海公司 纳税人识别号：530206316454821 地 址 、电 话：东海市美丽路 136 号，0678—2908942 开户行及账号：工商银行美丽路办事处 562046790025				备注	货款从上月已预付的 500 000 元中冲销。	

第三联 发票联 购买方记账凭证

收款人：黄安娜　　复核：　　开票人：刘东升　　销售方：（章）

业务 64 $\frac{2}{2}$

光明市永春机械公司 收料单

编号：1109

供货单位：东海市星海公司　　2015 年 12 月 27 日　　仓库：原料库

材料类别	材料编号	名称及规格	计量单位	数量		实际成本（元）			
				应收	实收	发票价格	采购费用	合计	单价
（略）	（略）	甲材料	千克		2 000	200 000		200 000	100.00

二 财务联

供销主管：莫发愁　　保管员：特认真　　记账：高桂格　　制单：艾志丹

业务 64　文字说明及账务处理提示：

12 月 27 日，收到 12 月 25 日从东海市星海公司购入的甲材料，并已验收入库，冲销前已预付的货款。合同规定运费由对方负担。收到对方开具的增值税专用发票，注明数量 2 000 千克、单价 100 元、价款 200 000 元、增值税税额 34 000 元。

借：原材料——甲材料
　　应交税费——应交增值税（进项税额）　　　　转 24，附件 2 张
　贷：预付账款——星海公司

❶根据“收料单”登记“原材料——甲材料”明细账的“收入”栏，包括数量、单价、金额；❷根据记账凭证（转 24）登记“应交税费——应交增值税”明细账的“进项税额”专栏和“预付账款——星海公司”明细账。

业务 65

中华人民共和国印花税票销售凭证

(2015)光地印 30756441 地

填发日期：2015 年 12 月 27 日

购买单位	光明市永春机械公司		购买人	张晓芳	
购买印花税票					
面值种类	数量	金额	面值种类	数量	金额
壹角票			伍元票	7	35.00
贰角票			拾元票	1	10.00
伍角票			伍拾元票	1	50.00
壹元票	1	1.00	壹佰元票	1	100.00
贰元票	2	4.00	总计	13	200.00
金额合计	（大写） 佰 拾 万⊗仟贰佰零拾零元零角零分				
销售单位（盖章） 光明市地方税务局第一分局 票据专用章	售票人（章） 刘波 印冰	备注	现金付讫		

（印花税票应贴于账簿扉页的右上角并划斜线注销）。

第二联 购买单位记账

业务 66

ICBC 中国工商银行 托收凭证（收账通知）

4 №

委托日期 2015 年 12 月 25 日　　付款期限 2015 年 12 月 29 日

业务类型	委托收款（☑邮划、□电划）			托收承付（□邮划、□电划）			
付款人 全称	清海市明远公司			收款人 全称	光明市永春机械公司		
付款人 账号	6805860048125			收款人 账号	23004500670089		
付款人 地址	省清海市/县	开户行	工行清海支行	收款人 地址	省光明市/县	开户行	工行光明支行
金额 人民币（大写）	伍拾捌万伍仟元整			亿 千 百 十 万 千 百 十 元 角 分	¥ 5 8 5 0 0 0 0 0		
款项内容	货款	托收凭据名称	商业承兑汇票	附寄单证张数	1		
商品发运情况				合同名称号码			
备注： 复核 记账	上列款项已划回收入你方账户内。 收款人开户银行签章 2015 年 12 月 29 日			托收应收票据到期款。			

中国工商银行光明市支行 2015年12月29日 转讫

此联付款人开户行凭以汇款或收款人开户银行作收账通知

业务 67

光明市永春机械公司 领料单

编号：1210

领料单位：生产车间　　2015 年 12 月 29 日　　仓库：原料库

材料类别	材料编号	名称及规格	计量单位	数量 请领	数量 实发	单价	金额	领料用途
（略）	（略）	甲材料	千克		784			车间一般性消耗
（略）	（略）	丙材料	千克		200			

二 财务联

车间主管：高安全　保管员：特认真　记账：高桂格　制单：艾志丹

业务 67　文字说明及账务处理提示：

12 月 29 日，车间一般消耗领用材料。具体账务处理参见业务 29 的有关说明。

业务 66　文字说明及账务处理提示：

12 月 29 日，银行通知本企业托收的应收清海市明远公司票据款 585 000 元已收讫。托收日期为 12 月 25 日，到期日为 12 月 29 日。

借：银行存款
　贷：应收票据——明远公司　　收 16，附件 1 张

根据记账凭证登记“银行存款日记账”和“应收票据——明远公司”明细账。

业务 65　文字说明及账务处理提示：

12 月 27 日，购买印花税票，付现金 200 元。

借：管理费用——税金
　贷：库存现金　　付 35，附件 1 张

根据记账凭证登记“管理费用”明细账的“税金”专栏和“库存现金日记账”。

业务 68 $\frac{1}{4}$

光明市永春机械公司 收料单

编号：1110

供货单位：东海市春盛公司　　2015 年 12 月 29 日　　仓库：原料库

材料类别	材料编号	名称及规格	计量单位	数量		实际成本（元）			
				应收	实收	发票价格	采购费用	合计	单价
（略）	（略）	乙材料	千克		2 000	110 000	8 000	118 000	59.00
合计									

二 财务联

供销主管：莫发愁　　保管员：特认真　　记账：高桂格　　制单：艾志丹

业务 68 $\frac{2}{4}$

东海增值税专用发票

№ 15456120

5302159140　　开票日期：2015 年 12 月 26 日

发票联（全国统一发票监制章 东海 国家税务总局监制）

购买方	名　　称：光明市永春机械公司 纳税人识别号：310040213456070 地 址 、电 话：光明市建设路 68 号，0513—98706543 开户行及账号：工商银行光明市支行 23004500670089	密码区	（略）

货物或应税劳务、服务名称	规格型号	单　位	数　量	单　价	金　额	税　率	税　额
乙材料		千克	2 000	55	110 000	17%	18 700
合　计					110 000		18 700

商业承兑汇票

价税合计（大写）⊗壹拾贰万捌仟柒佰元整　　（小写）¥128 700.00

销售方	名　　称：东海市春盛公司 纳税人识别号：530206316544820 地 址 、电 话：东海市冬梅路 16 号 0678—4008942 开户行及账号：工商银行冬梅路办事处 562046790025	备注	东海市春盛公司 530206316544820 发票专用章

收款人：安秋娜　　复核：　　开票人：郭开明　　销售方：（章）

第三联 发票联 购买方记账凭证

业务 68 $\frac{3}{4}$

货物运输业增值税专用发票

№ 05426620

5302154230　　开票日期：2015 年 12 月 26 日

发票联（全国统一发票监制章 东海 国家税务总局监制）

承运人及纳税人识别号	东海市茂源物流公司 530205816522820	密码区	06398307/680470＜＊652934607 06247/7/ ＋＊＞8/1＊＜＞41－/33＞9 ＞4///789/ 260＊8＊－＞2667629－5 267＊3270/＞6/ ＋4＊43＜6＋＝20/＜ 加密版本：01 5302154230 05426620
实际受票方及纳税人识别号	光明市永春机械公司 310040213456070		
收货人及纳税人识别号	光明市永春机械公司 310040213456070	发货人及纳税人识别号	东海市春盛公司 530206316544820
起运地、经由、到达地			
费用项目及金额	费用项目：运费　金额：8 000.00	货物运输信息	

合计金额	¥800.00	税率	11%	税额	¥880.00	机器编号	478020513369

价税合计（大写）⊗ 捌仟捌佰捌拾元整　　（小写）¥8 880.00

车种车号		车船吨位	
主管税务机关及代码	通达税务所 15302254384	备注	东海市茂源物资公司 530205816522820 发票专用章

收款人：马静文　　复核人：牛大力　　开票人：朱光华　　承运人：（章）

第三联 发票联 受票方记账凭证

业务 68　文字说明及账务处理提示：

12 月 29 日，验收入库 12 月 26 日从东海市春盛公司购入的乙材料，并收到对方开具的增值税专用发票，列明数量 2 000 千克、单价 55 元、价款 110 000 元、增值税税额 18 700 元；对方代垫运费并转来委托东海市茂源物流公司运输开具的货运业增值税专用发票，列明运费 8 000 元、增值税税额 880 元。签发一张金额为 137 580 元、付款期限为 6 个月的商业承兑汇票支付货款。

借：原材料——乙材料

　　应交税费——应交增值税（进项税额）　　　　转 25，附件 3 张

　贷：应付票据——春盛公司

❶根据“收料单”登记“原材料——乙材料”明细账的“收入”栏，包括数量、单价、金额；❷根据记账凭证（转 25）登记“应交税费——应交增值税”明细账的“进项税额”专栏和“应付票据——春盛公司”明细账。

业务 68 $\frac{4}{4}$

商业承兑汇票 2

AB 01 00800410

出票日期（大写）贰零壹伍年壹拾贰月贰拾陆日

付款人	全 称	光明市永春机械公司	收款人	全 称	东海市春盛公司
	账 号	23004500670089		账 号	562046790025
	开户银行	工商银行光明市支行		开户银行	工商银行冬梅路办理处
出票金额	人民币（大写）	壹拾叁万柒仟伍佰捌拾元整			
汇票到期日（大写）	贰零壹陆年零陆月贰拾陆日		付款人开户行	行号	1386611459
交易合同号码				地址	光明市建设路 388 号
本汇票已经承兑，到期无条件付款。 承兑人签章 承兑日期 2015 年 12 月 26 日			本汇票请予以承兑，并于到期日付款。 出票人签章		

亿	千	百	十	万	千	百	十	元	角	分
		¥	1	3	7	5	8	0	0	0

李永春印

此联持票人开户行随托凭证寄付款人开户行作借方凭证附件

业务 69 $\frac{1}{2}$

光明行政事业单位收费发票

发票联

发票代码 910000023
发票号码 35502896

单位或个人名称：光明市永春机械公司　　2015 年 12 月 29 日

项 目	单 位	数 量	收费标准	十	万	千	百	十	元	角	分	备 注
排污超标罚款					5	8	2	1	0	0	0	
合计（大写）	伍万捌仟贰佰壹拾元整			¥	5	8	2	1	0	0	0	

收款单位：（章）　　开票人：刘一明　　收款人：王大可

②发票联

业务 69 $\frac{2}{2}$

中国工商银行 转账支票存根

支票号码 15203140

附加信息

出票日期 2015 年 12 月 29 日

收款人：光明市环境保护局
金　额：58 210.00
用　途：支付排污超标罚款

单位主管：李永春　　会计：高桂格

业务 69　文字说明及账务处理提示：

12 月 29 日，通过银行支付排污超标罚款 58 210 元。

借：营业外支出——罚没支出
　贷：银行存款　　　　付 36，附件 2 张

根据记账凭证登记“营业外支出”明细账的“罚没支出”专栏和“银行存款日记账”。

业务 70

中国建设银行　电汇凭证　（收账通知）　4

☑普通　□加急

委托日期 2015 年 12 月 29 日

汇款人	全　称	东海市新强公司	收款人	全　称	光明市永春机械公司
	账　号	5800060048127		账　号	23004500670089
汇出行名称		建行东海分行	汇入行名称		工商银行光明市支行

金额	人民币（大写）	亿	千	百	十	万	千	百	十	元	角	分
	壹拾伍万元整			¥	1	5	0	0	0	0	0	0

此汇款已收入收款人账户。 汇入行签章	支付密码 附加信息及用途： 东海市新强公司预付购货款。 复核：　记账：　年　月　日

中国工商银行光明市支行
2015年12月29日
转讫

此联给收款人的收账通知

业务 71

ICBC 中国工商银行　还款凭证

2015 年 12 月 30 日

银行打印						
客户填写	付款人（还款人）	姓名	光明市永春机械公司	还款人	姓名	光明市永春机械公司
		还款账号	23004500670089		收款账号	
		开户行	工商银行光明市支行		开户行	
	贷款账号			贷款种类		
	合同编号			借据序号		
	还款方式	按金额☑　按期数□		还款期数		

还款金额	人民币（大写）	千	百	十	万	千	百	十	元	角	分
	叁拾万元整		¥	3	0	0	0	0	0	0	0

还款类型	提前还款□　归还逾期□　归还当期利息□　违约金□
其中：提前还款	一次性还清□　提前部分还款□　贷款转出结清□　归还当期本息□
提前还款后选择	还款期内仍继续扣款□　还款期内不再扣款□　缩短还款期□
备注：	客户签字：

中国工商银行光明市支行
2015年12月30日
转讫

第二联　归还本金

业务 71　文字说明及账务处理提示：

12 月 30 日，偿还到期银行短期借款 300 000 元。

借：短期借款——工行光支
　贷：银行存款　　付 37，附件 1 张

根据记账凭证（付 37）登记“短期借款——工行光支”明细账和“银行存款日记账”。

业务 70　文字说明及账务处理提示：

12 月 29 日，通过银行收到东海市新强公司预付购货款 150 000 元。

借：银行存款
　贷：预收账款——新强公司　　收 17，附件 1 张

根据记账凭证（收 17）登记“银行存款日记账”和“预收账款——新强公司”明细账。

第四章　费用的归集分配与成本计算

实操一　原材料费用的计算与分配

一、具体要求与指导

1. 根据原材料明细账计算并编制“原材料加权平均单位成本计算表”；

2. 根据“领料单”和“原材料加权平均单位成本计算表”填制“发料凭证汇总表”；

3. 根据“发料凭证汇总表”编制记账凭证，并根据记账凭证登记原材料、生产成本、制造费用、销售费用明细账，同时，对原材料明细账进行结账，包括结转下年和划线封账。

二、会计交易或事项（原始凭证）

业务 72 $\frac{1}{2}$

原材料加权平均单位成本计算表

2015 年 12 月 31 日　　　　金额单位：元

材料名称	期初结存		本期收入		加权平均单位成本
	数　量	金　额	数　量	金　额	
甲材料					
乙材料					
丙材料					
合　计	—	805 000	—	2 755 000	—

会计主管：钱一凡　　　制单：刘景明　　　复核：高桂格

业务 72 $\frac{2}{2}$

发料凭证汇总表

附件 9 张

2015 年 12 月 31 日　　　　金额单位：元

项目／名称	甲材料		乙材料		丙材料		合　计
	数　量	金　额	数　量	金　额	数　量	金　额	
A 产品生产							
B 产品生产					—		
车间一般耗用			—				
销售部门领用	—		—				
合　计	13 704	1 370 400	13 940	836 400	7 400	651 200	2 858 000

会计主管：钱一凡　　　制单：刘景明　　　复核：高桂格

业务 72　文字说明及账务处理提示：

12 月 31 日，根据“发料凭证汇总表”分配并结转材料费用。

借：生产成本——A 产品
　　　　　　——B 产品
　　制造费用——材料费
　　销售费用——材料费
　贷：原材料
转 26，附件 2 张

❶根据记账凭证登记“生产成本”所属明细账（A 产品、B 产品）、“制造费用”明细账的“材料费”专栏和“销售费用”明细账的“材料费”专栏；❷根据“发料凭证汇总表”登记“原材料”明细账。

实操二 工薪费用的计算与分配

一、具体要求与指导

1. 根据考勤记录（略）编制“工薪费用分配表”（金额直接给出），然后根据“工薪费用分配表”编制“职工福利费计提表”；

2. 根据“工薪费用分配表”和“职工福利费计提表”编制分配并结转工薪费用的记账凭证；

3. 根据记账凭证登记生产成本、制造费用、销售费用、管理费用明细账；

4. 对应付职工薪酬明细账进行结账，包括结转下年和划线封账。

二、会计交易或事项（原始凭证）

业务 73 $\frac{1}{2}$

工薪费用分配表

2015 年 12 月 31 日

单位：元

车间或部门	应付职工薪酬				合　计
	基本工资	津贴	奖金	其他	
生产车间	440 000	280 000	50 000	30 000	850 000
其中：A 产品生产工人	230 000	150 000	24 000	15 000	450 000
B 产品生产工人	180 000	120 000	21 000	12 000	350 000
车间管理人员	30 000	10 000	5 000	3 000	50 000
专设销售机构人员	20 000	11 000	12 000	2 000	50 000
企业管理部门	64 000	17 000	5 000	5 000	100 000
合计	524 000	308 000	67 000	37 000	1 000 000

会计主管：钱一凡　　制单：刘景明　　复核：高桂格

业务 73 $\frac{2}{2}$

职工福利费计提表

2015 年 12 月 31 日

单位：元

车间或部门（人员类别）	工资总额	计提比例	计提金额
生产车间		14%	
其中：A 产品生产工人		14%	
B 产品生产工人		14%	
车间管理人员		14%	
专设销售机构人员		14%	
企业管理部门		14%	
合计	1 000 000		140 000

会计主管：钱一凡　　制单：刘景明　　复核：高桂格

实操三 折旧费用的计算与分配

一、具体要求与指导

1. 根据月初固定资产原值和规定的折旧率，计算并编制“固定资产折旧计算汇总表”；

2. 根据“固定资产折旧计算汇总表”编制记账凭证；

3. 根据记账凭证登记制造费用明细账、管理费用明细账和销售费用明细账。

业务 73－2：

借：生产成本——A 产品（工薪费用）
　　　　　　——B 产品（工薪费用）
　　制造费用——工薪费用
　　销售费用——工薪费用
　　管理费用——工薪费用
　贷：应付职工薪酬——福利费

转 28，附件 1 张

❶根据记账凭证参考“职工福利费计提表”，登记“生产成本”所属明细账（A 产品、B 产品）、“制造费用”明细账的“工薪费用”专栏、“销售费用”明细账的“工薪费用”专栏和“管理费用”明细账的“工薪费用”专栏；❷根据记账凭证登记“应付职工薪酬——福利费”明细账。

业务 73　文字说明及账务处理提示：

业务 73－1：

12 月 31 日，计算并结转工薪费用（工资和福利费）。

借：生产成本——A 产品（工薪费用）
　　　　　　——B 产品（工薪费用）
　　制造费用——工薪费用
　　销售费用——工薪费用
　　管理费用——工薪费用
　贷：应付职工薪酬——工资

转 27，附件 1 张

❶根据记账凭证参考“工资费用分配表”，登记“生产成本”所属明细账（A 产品、B 产品）、“制造费用”明细账的“工薪费用”专栏、“销售费用”明细账的“工薪费用”专栏和“管理费用”明细账的“工薪费用”专栏；❷根据记账凭证登记“应付职工薪酬——工资”明细账。

二、会计交易或事项（原始凭证）

业务 74

固定资产折旧计算汇总表

2015 年 12 月 31 日　　　　金额单位：元

使用部门	固定资产类别	月初固定资产原值	月折旧率	月折旧额
生产车间	房屋及建筑物	9 000 000	0.4%	
	机器设备	21 000 000	0.8%	
	小计	30 000 000		
专设销售机构	房屋及建筑物	2 000 000	0.2%	
	管理用设备	1 000 000	0.6%	
	小计	3 000 000		
企业管理部门	房屋及建筑物	18 000 000	0.2%	
	管理用设备	2 000 000	0.6%	
	小计	20 000 000		
合计		53 000 000		262 000

会计主管：钱一凡　　制单：刘景明　　复核：高桂格

实操四　水电费用的计算与结转

一、具体要求与指导

1. 根据各部门用水量和用电量统计记录（略），编制“水电费用计算分配表”；
2. 根据“水电费用计算分配表”编制记账凭证；
3. 根据记账凭证登记制造费用明细账和管理费用明细账的有关专栏。

二、会计交易或事项（原始凭证）

业务 75

水电费用计算分配表

2015 年 12 月 31 日　　　　金额单位：元

项目 / 部门	水费分配			电费分配			总　计
	耗用量（M^3）	单　价	金　额	耗用量（度）	单　价	金　额	
生产车间	2 000	5.00		200 000	0.80		
行政管理部门	2 100	5.00		100 000	0.80		
合　计	4 100			300 000			260 500

会计主管：钱一凡　　制单：刘景明　　复核：高桂格

业务 75　文字说明及账务处理提示：

12 月 31 日，分配并结转水费和电费。

借：制造费用——水电费
　　管理费用——水电费
　贷：其他应付款——自来水公司
　　　　　　　　——供电公司
转 30，附件 1 张

❶根据记账凭证参考“水电费用计算分配表”，登记“制造费用”明细账和“管理费用”明细账的“水电费”专栏；❷根据记账凭证登记“其他应付款”所属明细账（自来水公司、供电公司）。

业务 74　文字说明及账务处理提示：

12 月 31 日，计提并结转固定资产折旧费用。

借：制造费用——折旧费
　　销售费用——折旧费
　　管理费用——折旧费
　贷：累计折旧
转 29，附件 1 张

根据记账凭证参考“固定资产折旧计算汇总表”，登记“制造费用”明细账、“销售费用”明细账和“管理费用”明细账的“折旧费”专栏。

实操五 制造费用的分配与结转

一、具体要求与指导

1. 根据制造费用明细账的借方发生额，按照各产品生产工人的工资总额比例，分配计算制造费用，并编制“制造费用分配表”；

2. 根据“制造费用分配表”编制记账凭证，并根据记账凭证登记有关明细账；

3. 对制造费用明细账进行结账，包括结转下年和划线封账。

二、会计交易或事项（原始凭证）

业务 76

制造费用分配表

2015 年 12 月 31 日

金额单位：元

车间或产品	分配标准（生产工人工资）	分配率	分配金额
A 产品		0.66	
B 产品		0.66	
合计	800 000		528 000

会计主管：钱一凡　　制单：刘景明　　复核：高桂格

实操六 产品生产成本的计算与结转

一、具体要求与指导

1. 根据生产成本明细账和“产成品入库单”编制“产品成本计算表”，其中，月末在产品成本采用“约当产量法”计算并直接给出，其中：A 产品 35 000 元（直接材料 24 000 元、直接人工6 000元、制造费用 5 000 元），B 产品 83 000 元（直接材料 48 000 元、直接人工 22 000 元、制造费用 13 000 元）；A 产品完工并验收入库 800 台，B 产品完工并验收入库 1 000 台。

2. 根据“产品成本计算表”编制记账凭证；并根据记账凭证登记有关明细账。

3. 对生产成本明细账进行结账，包括结转下年和和划线封账。

二、会计交易或事项（原始凭证）

业务 77

产品成本计算表

2015 年 12 月 31 日

金额单位：元

产品名称 / 成本项目	A 产品（　　台）		B 产品（　　台）	
	总成本	单位成本	总成本	单位成本
直接材料				
直接人工				
制造费用				
生产成本合计	2 256 000	2 820.00	1 630 000	1 630.00

会计主管：钱一凡　　制单：刘景明　　复核：高桂格

业务 77　文字说明及账务处理提示：

12 月 31 日，计算并结转完工产品成本。

借：库存商品——A 产品
　　　　　　——B 产品
　贷：生产成本——A 产品
　　　　　　　——B 产品
转 32，附件 1 张

❶根据记账凭证参考“产品成本计算表”，登记“库存商品”所属明细账（A 产品、B 产品）；❷根据记账凭证登记“生产成本”所属明细账（A 产品、B 产品）。

业务 76　文字说明及账务处理提示：

12 月 31 日，归集与结转制造费用。

借：生产成本——A 产品
　　　　　　——B 产品
　贷：制造费用
转 31，附件 1 张

❶根据记账凭证参考“制造费用分配表”，登记“生产成本”所属明细账（A 产品、B 产品）；❷根据记账凭证登记“制造费用”明细账各个专栏（用红字）。

第五章　期末会计事项的调整与结转

实操一　产品销售成本的计算与结转

一、具体要求与指导

1. 根据“库存商品”明细账的期初结存（数量、金额）和本期收入（数量、金额）计算编制“库存商品加权平均单位成本计算表”；
2. 根据“库存商品加权平均单位成本计算表”和“产品出库单”，填制“主营业务成本计算表”；
3. 根据“主营业务成本计算表”编制记账凭证；
4. 根据记账凭证登记“主营业务成本”和“库存商品”明细账“月结行”的发出金额；
5. 对“库存商品”明细账进行结账，包括结转下年和划线封账。

二、会计交易或事项（原始凭证）

业务 78 $\frac{1}{2}$

库存商品加权平均单位成本计算表

2015 年 12 月 31 日　　　　金额单位：元

材料名称	期初结存		本期收入		加权平均单位成本
	数量	金额	数量	金额	
A 产品					
B 产品					
合　计	—	1 442 000	—	3 886 000	—

会计主管：钱一凡　　制单：刘景明　　复核：高桂格

业务 78 $\frac{2}{2}$

主营业务成本计算表

附件　　张

2015 年 12 月 31 日　　　　金额单位：元

产品名称	本期销售			
	计量单位	数量	加权平均单位成本	总成本
A 产品				
B 产品				
合　计		—	—	4 037 000

会计主管：钱一凡　　制单：刘景明　　复核：高桂格

业务 78 文字说明及账务处理提示：

12 月 31 日，计算并结转主营业务成本。

借：主营业务成本——A 产品
　　　　　　　　——B 产品
　贷：库存商品——A 产品
　　　　　　　——B 产品
转 33，附件 2 张

❶根据记账凭证参考“主营业务成本计算表”，登记“主营业务成本”明细账的有关专栏（A 产品、B 产品）；❷根据记账凭证登记“库存商品”所属明细账（A 产品、B 产品）。

实操二 有关税金的计算与结转

一、具体要求与指导

1. 根据“应交税费——应交增值税”明细账的有关专栏，计算并填列“应纳及未交增值税计算表”，同时，根据“应纳及未交增值税计算表”编制结转“转出未交增值税”的记账凭证；

2. 根据本月应纳增值税计算本月应纳城市维护建设税和教育费附加，编制“应纳城建税和教育费附加计算表”；

3. 根据“应纳城建税和教育费附加计算表”，编制有关税费结转的记账凭证；

4. 根据记账凭证登记“应交税费”所属的“应交增值税”、“应交营业税”、“应交城建税”和“应交教育费附加”明细账，并进行月度结账、年度结账，包括划线封账。

二、会计交易或事项（原始凭证）

业务 79 $\frac{1}{2}$

应纳及未交增值税计算表

2015 年 12 月 31 日

单位：元

项目	当期销项税额	当期进项税额	当期应纳增值税额	已交增值税	转出未交增值税
金额					106 000

会计主管：钱一凡　　制单：刘景明　　复核：高桂格

业务 79 $\frac{2}{2}$

应纳城建税和教育费附加计算表

2015 年 12 月 31 日

金额单位：元

项目	计税依据	税率	应纳税额
城市维护建设税		7%	
教育费附加		3%	
合　计			80 600

会计主管：钱一凡　　制单：刘景明　　复核：高桂格

实操三 资产减值损失——坏账准备的计提与结转

一、具体要求与指导

1. 根据“应收账款”及“预收账款”所属明细账的借方余额之和按照 4% 的计提比例，结合“坏账准备”账户期初余额和本期发生额，计算填列“坏账准备计提表”；

2. 根据“坏账准备计提表”编制记账凭证，并根据其登记“资产减值损失”明细账。

业务 79　文字说明及账务处理提示：

12 月 31 日，计算并结转增值税、营业税、城建税、教育费附加等有关税费。

借：应交税费——应交增值税（转出未交增值税）
　贷：应交税费——未交增值税　　　　转 34，附件 1 张

❶根据记账凭证参考“应纳及未交增值税计算表”登记“应交税费——应交增值税”明细账的“转出未交增值税”专栏；❷根据记账凭证登记“应交税费——未交增值税”明细账。

借：营业税金及附加——营业税金
　　　　　　　　——教育费附加
　贷：应交税费——应交城建税
　　　　　　——应交教育费附加　　　　转 35，附件 1 张

❶根据记账凭证参考“应纳城建税和教育费附加计算表”登记“营业税金及附加”明细账；❷根据记账凭证登记“应交税费”所属各有关明细账。

二、会计交易或事项（原始凭证）

业务 80

坏账准备计提表

2015 年 12 月 31 日

金额单位：元

项目	账面余额	计提比例	期末坏账准备应用余额	计提前坏账准备账面余额	本期应补提或（或冲减）数
应收账款		4%			
预付账款		0%			
其他应收款		0%			
合计					275 000

会计主管：钱一凡　　制单：刘景明　　复核：高桂格

实操四　短期借款利息的计提与结转

一、具体要求与指导

1. 根据“短期借款”所属明细账的期初余额、期末余额和规定的借款利率，计算并填列本月“银行借款利息计提表”；

2. 根据“银行借款利息计提表”编制结算并结转本月利息费用的记账凭证；

3. 根据记账凭证登记“财务费用”明细账、“应付利息”明细账。

二、会计交易或事项（原始凭证）

业务 81

银行借款利息计算表

2015 年 12 月 31 日

金额单位：元

借款名称	借款金额	计息月份	借款利率	借款利息
短期借款——工行光支	3 900 000	12 月	7‰	27 300
利　息　合　计				27 300

会计主管：钱一凡　　制单：刘景明　　复核：高桂格

实操五　无形资产摊销的计算与结转

一、具体要求与指导

1. 根据“无形资产”所属明细账期末余额和规定的摊销年限，计算并填列“无形资产摊销表”；特别注意：无形资产摊销的起始月份为购进或开发完成的当月，固定资产计提折旧为下月。

2. 根据“无形资产摊销表”编制记账凭证。

3. 根据记账凭证登记“其他业务成本”明细账和“管理费用”明细账。

业务 81　文字说明及账务处理提示：

12 月 31 日，计提短期借款利息费用 27 300 元。

借：财务费用——利息费用
　贷：应付利息——工行光支　　　转 37，附件 1 张

根据记账凭证登记“财务费用”明细账的“利息费用”专栏和“应付利息——工行光支”明细账。

业务 80　文字说明及账务处理提示：

12 月 31 日，计算并结转本年度应补提坏账准备 275 000 元。

提示：经查“坏账准备”账户，本月月初有借方余额 52 000 元，本月实际发生坏账 55 000 元，本期收回已转销的坏账 5 000 元，所以，本年年末计提坏账准备前该账户有借方余额 102 000 元（52 000＋55 000－5 000），期末应收账款账面借方余额有 4 325 000 元（“应收账款——金花公司”账户借方余额 2 816 500 元、“应收账款——宏图公司”账户借方余额 1 418 500 元，“预收账款——通宝公司”账户借方余额 90 000 元）。期末应有坏账准备 173 000 元（4 325 000×4%），本期应计提坏账准备 275 000 元（102 000＋173 000）。

借：资产减值损失——计提坏账准备
　贷：坏账准备——应收账款　　　转 36，附件 1 张

根据记账凭证登记“资产减值损失”明细账的“计提坏账准备”专栏和“坏账准备——应收账款”明细账。

提示：“预收账款”账户的借方余额属于应收账款；“预付账款”账户的贷方余额属于应付账款。

二、会计交易或事项（原始凭证）

业务 82

无形资产摊销表

编制单位：光明市永春机械公司　　2015 年 12 月 31 日　　单位：元

名称	入账时间	原　值	摊销年限	已摊销月数	累计已摊销金额	本月应摊销金额	备注
专利技术	2010.12.31		10	60	240 000		自用
商标权	2013.10.09		10	26	91 000		自用
管理软件	2015.12.03		10	0	0		自用
合　计					331 000		

会计主管：钱一凡　　制单：刘景明　　复核：高桂格

实操六　收入、费用的结转及本年利润的计算

一、具体要求与指导

1. 根据“主营业务收入”等有关收入类账户和“主营业务成本”等有关费用类账户所属明细账的本期发生额，填列“收入、费用结转及本年利润计算表”。

2. 根据“收入、费用结转及本年利润计算表”：❶编制结转收入类账户至“本年利润”账户贷方的记账凭证；❷编制结转费用类账户至“本年利润”账户借方的记账凭证。

3. 根据记账凭证：❶登记有关收入类和费用类账户所属明细账并进行结账，包括划线封账；❷登记本年利润明细账。

二、会计交易或事项（原始凭证）

业务 83

收入、费用结转及本年利润计算表

2015 年 12 月 31 日　　单位：元

收入类账户		结转前贷方余额	费用类账户		结转前借方余额
主营业务收入	A 产品		主营业务成本	A 产品	
	B 产品			B 产品	
营业外收入			营业税金及附加		
			销售费用		
			管理费用		
			财务费用		
			资产减值损失		
			营业外支出		
合　计			合　计		
利润总额＝9 150 000－5 760 000＝3 390 000（元）					

会计主管：钱一凡　　制单：刘景明　　复核：高桂格

业务 83　文字说明及账务处理提示：

12 月 31 日，结转收入和费用，计算本年利润。

借：主营业务收入
　　营业外收入
　贷：本年利润
转 39，附件 1 张

借：本年利润
　贷：主营业务成本
　　　营业税金及附加
　　　销售费用
转 40（1/2），附件 0 张

借：本年利润
　贷：管理费用
　　　财务费用
　　　资产减值损失
　　　营业外支出
转 40（2/2），附件 0 张

业务 82　文字说明及账务处理提示：

12 月 31 日，计算并结转无形资产摊销。提示：对“无形资产”所属明细账进行月度结账，得出各无形资产本月月末余额，然后根据各无形资产本月月末余额和规定的摊销率（原值÷预计使用月数），计算本月应摊销金额。

借：管理费用——无形资产摊销
　贷：累计摊销
转 38，附件 1 张

❶根据记账凭证参考“无形资产摊销表”登记“管理费用”明细账；❷根据记账凭证登记“累计摊销备查簿”。

实操七　应交所得税预计与所得税费用的结转

一、具体要求与指导

1. 根据实操六所填的“收入、费用结转及本年利润计算表”和所得税税率计算并填列“预计应交所得税及所得税费用计算表”；同时，根据“预计应交所得税及所得税费用计算表”编制预计应交所得税和所得税费用的记账凭证，以及结转所得税费用至“本年利润”账户借方的记账凭证。

2. 根据记账凭证登记“应交税费——应交所得税”明细账，同时，对“应交税费——应交所得税”明细账进行结账。

二、会计交易或事项（原始凭证）

业务 84

预计应交所得税及所得税费用计算表

2015 年 12 月 31 日　　　　金额单位：元

收入总额	费用总额	利润总额	所得税税率	预计应交所得税
			25%	

会计主管：钱一凡　　制单：刘景明　　复核：高桂格

实操八　本年净利润的计算、分配及结转

一、具体要求与指导

1. 根据“本年利润”账户 12 月月末贷方余额、“利润分配——未分配利润”账户年初贷方余额、公司董事会决议批准分配利润，整理填列“可供分配利润的计算及利润分配表”；

2. 根据“可供分配利润的计算及利润分配表”，编制利润分配的记账凭证；

3. 根据记账凭证登记“利润分配”账户所属“提取法定盈余公积”、“应付利润”明细账，“盈余公积——法定盈余公积”明细账、“应付利润”账户所属“港城投资公司”、“海虹机械公司”和“虹桥房产集团”明细账。同时，对以上明细账进行结账。

二、会计交易或事项（原始凭证）

业务 85

可供分配利润的计算及利润分配表

2015 年 12 月 31 日　　　　单位：元

项　目	金　额	项　目	金　额
1—11 月预计净利润		加：年初未分配利润	
本月利润总额		可供分配的净利润	
本月预计应交所得税		应付利润（董事会决议批准分配）	8 000 000
加：本月税后利润（净利润）		其中：港城投资公司	
全年净利润		海虹机械公司	
本年应提取盈余公积（10%）		虹桥房产集团	
扣除盈余公积后的本年净利润		本年年末累计未分配利润	

会计主管：钱一凡　　制单：刘景明　　复核：高桂格

业务 85　文字说明及账务处理提示：

12 月 31 日，本年净利润的计算、分配及结转。提示：经查有关账户的记录，“本年利润”账户 12 月月初贷方余额 7 350 000 元（即预计净利润或税后利润），“利润分配——未分配利润”账户年初贷方余额 590 000 元，公司董事会决议批准分配利润 8 000 000 元。

借：利润分配——提取法定盈余公积
　　　　　　——应付利润
　贷：盈余公积——法定盈余公积
　　　应付利润——港城投资公司
　　　　　　　——海虹机械公司
　　　　　　　——虹桥房产集团
转 43，附件 1 张

业务 84　文字说明及账务处理提示：

12 月 31 日，计算并结转本月预计应交所得税，同时结转所得税费用至“本年利润”账户。提示：按照企业所得税税法的规定，按年计算、分期预交、年终汇算清缴，其中：分期预交有两种方式：❶按月预计并按月预交；❷按月预计但按季预交。本企业采用第一种方式。

借：所得税费用
　贷：应交税费——应交所得税
转 41，附件 1 张

借：本年利润
　贷：所得税费用
转 42，附件 0 张

实操九 利润结转及未分配利润的计算

一、具体要求与指导

1. 根据“本年利润”账户贷方期末余额、“利润分配”账户所属“提取法定盈余公积”和“应付利润”明细账期末借方余额，填列“已实现和已分配利润结转及未分配利润计算表”。

2. 根据“已实现和已分配利润结转及未分配利润计算表”，编制：❶结转已实现利润贷记“未分配利润”账户的记账凭证；❷结转已分配利润借记“未分配利润”账户的记账凭证。

3. 根据记账凭证登记“利润分配”账户所属“未分配利润”、“提取法定盈余公积”和“应付利润”明细账，同时，对以上明细账进行结账。

4. 根据第三章和第四章所编制的记账凭证：❶编制第 4 张“科目汇总表”；❷根据“科目汇总表”登记有关总分类账。

二、会计交易或事项（原始凭证）

业务 86

已实现和已分配利润结转及未分配利润计算表

2015 年 12 月 31 日

单位：元

结转情况 / 账户名称	结转前余额		实际结转		结转后余额	
	借方	贷方	借方	贷方	借方	贷方
本年利润	—			—	无	无
利润分配——提取法定盈余公积		—	—		无	无
利润分配——应付利润		—	—		无	无
利润分配——未分配利润					—	1 493 250

会计主管：钱一凡　　制单：刘景明　　复核：高桂格

业务 86　文字说明及账务处理提示：

12 月 31 日，计算并结转已实现和已分配利润，计算未分配利润。提示：经查有关账户的记录，本年已实现的预计净利润为“本年利润”账户贷方期末余额 9 892 500 元，本年已分配的净利润表现为“利润分配——提取法定盈余公积”和“利润分配——应付利润”账户的期末借方余额分别为 989 250 元和 8 000 000 元，本年已实现的预计净利润扣除本年已分配的利润，即为本年未分配的利润 903 250 元（9 892 500－（989 250＋8 000 000）），加上年初未分配利润 590 000 元，即为累计结存的未分配利润 1 493 250 元（903 250＋590 000）。

借：本年利润
　贷：利润分配——未分配利润　　　　转 44，附件 1 张

借：利润分配——未分配利润
　贷：利润分配——提取法定盈余公积　　　　转 45，附件 0 张
　　　　　　——应付利润

第六章　会计报表的编制

实操一　结账与编制总分类账户发生额及余额试算平衡表

1. 对所有的总账和明细账进行本期发生额和期末余额计算的“结账”（先用铅笔进行草结），然后，按照平行登记的要求进行总账和明细账核对；

2. 根据所有总账的记录编制“总分类账户发生额及余额试算平衡表”；

3. 在试算平衡的基础上，对所有的总分类账户进行月度结账和年度结账并划线封账。

业务 87

总分类账户发生额及余额试算平衡表

2015 年 12 月 31 日

金额单位：元

会计科目	期初余额		本期发生额		期末余额	
	借方	贷方	借方	贷方	借方	贷方
库存现金						
银行存款						
应收票据						
应收账款						
坏账准备						
预付账款						
其他应收款						
在途物资						
原材料						
库存商品						
固定资产						
累计折旧						
在建工程						
固定资产清理						
无形资产						
累计摊销						
生产成本						
制造费用						

续表

会计科目	期初余额		本期发生额		期末余额	
	借方	贷方	借方	贷方	借方	贷方
短期借款						
应付票据						
应付账款						
预收账款						
应付职工薪酬						
应交税费						
应付利润						
应付利息						
其他应付款						
实收资本						
资本公积						
盈余公积						
利润分配						
本年利润						
主营业收入						
营业外收入						
主营业务成本						
营业外支出						
营业税金及附加						
销售费用						
管理费用						
财务费用						
资产减值损失						
所得税费用						
合　计						

实操二 编制“资产负债表”

根据“总分类账户发生额及余额试算平衡表”的“期末余额”栏的数字，结合有关明细账的期末余额，采用“直接填列法”和“分析填列法”填列“资产负债表”的“期末余额”栏。

业务 88

资产负债表

会企 01 表

编制单位：（盖章）光明市春机械公司

2015 年 12 月 31 日

单位：元

资产	期末余额	年初余额	负债及所有者权益	期末余额	年初余额
流动资产			流动负债		
货币资金			短期借款		
应收票据			应付票据		
应收账款			应付账款		
预付款项			预收款项		
应收利息			应付职工薪酬		
应收股利			应交税费		
其他应收款			应付利息		
存货			应付利润		
持有待售资产			其他应付款		
一年内到期的非流动资产			持有待售负债		
其他流动资产			一年内到期的非流动负债		
流动资产合计			其他流动负债		
非流动资产			流动负债合计		
长期股权投资			非流动负债		
长期应收款			长期借款		
固定资产			应付债券		
无形资产			长期应付款		
开发支出			非流动负债合计		
工程物资			负债合计		
在建工程			所有者权益		
非流动资产合计			实收资本		
			资本公积		
			盈余公积		
			未分配利润		
			所有者权益合计		
资产总计			负债及所有者权益总计		

实操三 编制“利润表”

根据“总分类账户发生额及余额试算平衡表”的“本期发生额”栏的数字，结合有关明细账的发生额，填列“利润表”各项目的“本期金额”栏。

业务 89

利 润 表

会企 02 表

编制单位：（盖章） 光明永春机械公司

2015 年 12 月

单位：元

项　目	行次	本期金额	上期金额
一、营业收入	1		
减：营业成本	3		
营业税金及附加	4		
销售费用	6		
管理费用	7		
财务费用	8		
资产减值损失	11		
加：公允价值变动收益（损失以“－”号填列）	12		
投资收益（损失以“－”号填列）	13		
二、营业利润（亏损以“－”号填列）	16		
加：营业外收入	17		
减：营业外支出	18		
三、利润总额（亏损总额以“－”号填列）	20		
减：所得税费用	22		
四、净利润（净亏损以“－”号填列）	23		
五、其他综合收益税后净额	24		
六、综合收益总额	25		
七、每股收益	26		
（一）基本每股收益	27		
（二）稀释每股收益	28		

年 月 第 号至第 号 第 册 共 册

年 月 第 号至第 号 第 册 共 册

年 月 第 号至第 号 第 册 共 册

年 月 第 号至第 号 第 册 共 册

穿孔

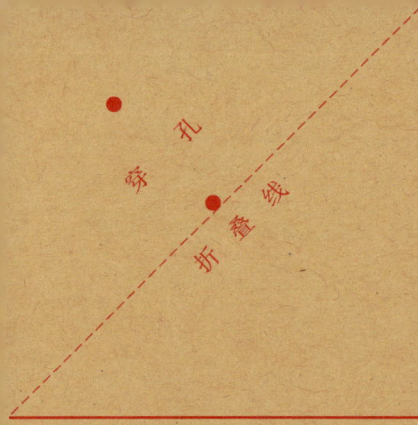

折叠线

包角使用说明：

该面朝上，与凭证左上角对齐，打孔、穿线并结紧后，沿折叠线往上折，将角的两翼往后折并用胶水粘紧。

沿虚线裁下成两个十字包角

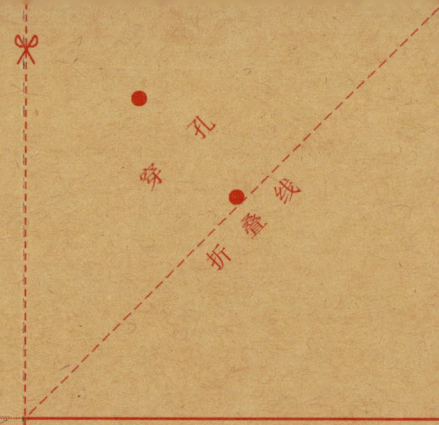

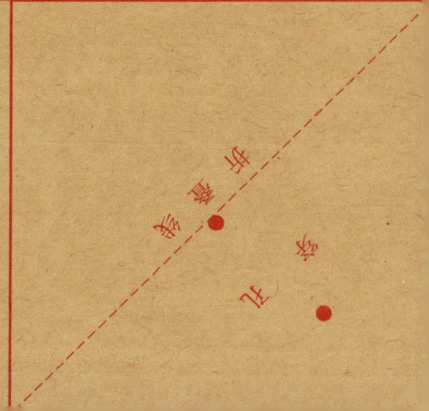

穿孔

折叠线

包角使用说明：

该面朝上，与凭证左上角对齐，打孔、穿线并结紧后，沿折叠线往上折，将角的两翼往后折并用胶水粘紧。

沿虚线裁下成两个十字包角

企业法人
营 业 执 照

编号：3100400001001022000016

注 册 号　　3100401100098

成立日期　　2013 年 10 月 01 日

登记机关　　光明市工商行政管理局

贰零壹伍 年 拾 月 壹 日

每年一至四月年检，三月十五号前报送年检材料！

名　　称	光明市永春机械公司
住　　所	光明市建设路 68 号
法定代表人	李永春
注册资本	4500 万元人民币
企业类型	有限责任公司
经营范围	工业用、民用、特殊用机械产品的生产加工和销售；机械产品的技术开发、转让、咨询和服务。***
经营期限	自 2013 年 10 月 01 日 至 2043 年 09 月 30 日

税 务 登 记 证

（副 本）

光 国/地 税 证 字 310040213456070 号

纳税人名称：光明市永春机械公司

法定代表人（负责人）：李永春

地址：光明市建设路 68 号

登记注册类型：有限责任公司

经营范围：工业用、民用、特殊用机械产品的生产加工和销售；机械产品的技术开发、转让、咨询和服务。***

批准设立机关：光明市工商行政管理局

扣缴义务：依法确定代扣代缴个人所得税

增值税一般纳税人

光明市国家税务局　　光明市地方税务局

发 证 税 务 机 关

贰零壹叁 年 拾 月 拾 日

国家税务总局监制

总机构情况 （由分支机构填写）	
名　　称	
纳税人识别号	
地　　址	
经 营 范 围	

分支机构设置 （由总机构填写）	
名　称 地　址	
名　称 地　址	
名　称 地　址	
名　称 地　址	
名　称 地　址	